授業は
タイミングが9割

己

明治図書

はじめに

こんな経験はありませんか？

書籍や研修会で知った方法を授業に取り入れてみて…

「同じことをしているはずなのに、自分の教室ではうまくいかない」

公開授業を見に行って…

「子どもたちがとても意欲的。自分の学級と全然違う」

みなさんは、このような場面に出合ったとき、それをどのように解釈されますか？

多くの方が、教師の力量の違い、もしくは子どもの実態の違いとして解釈されるのではないでしょうか。ただし、子どもの実態の違いについては、それを踏まえて授業を行うことも教師の力量の一つと考えることができます。すると、ここでの問題は、教師の力量の違いに集約されるのではないでしょうか。

この教師の力量の中で、多くの割合を占めながらも意識化されない力が、「いつやるか」を判断する力、すなわち**タイミングを見極める力**です。

いかに優れた方法であったとしても、子どもにとって必要のないタイミングであるならば、有効に働くことはありません。そればかりか、たちまち教師のやりたいことに付き合わせるような、教師主導の授業に陥ることでしょう。**タイミングが適切であるからこそ、書籍や研修会で知った方法はうまくいくのです。また、子どもたちは意欲的になるのです。**

しかしながら、このタイミングについては、経験や感覚によるものとして、なかなか言語化がされることはありませんでした。そこで私は、タイミングを見極める力を、四つの技術に分解して言語化することを試みました。

〈タイミングを見極める　四つの技術〉

○方法を「捉える」技術　…方法がもつ機能を捉える技術

○タイミングを「創り出す」技術…子どもを方法へ誘う働きかけの技術
○子どもの学びを「待つ」技術　…子どもが自ら学ぶ空白を創る技術
○子どもの学びを「見とる」技術…子どもの思いや思考を見とる技術

これら四つの技術を授業の構想段階で、また実際に授業を行いながら駆使することで、適切なタイミングで方法を授業に取り入れていこうということが、本書の主張になります。

なお、タイミングについてより分かりやすく論じるために、本書では、方法を「発問」「対話」「ＩＣＴ」に関わるものに絞っています。これらは、日常的に多くの授業で取り入れられているとともに、研究授業でも「手立て」として指導案に明記されることが多いと思います。特に「発問」「対話」「ＩＣＴ」を取り入れた授業を行う前には、本書を手にとって役立てていただければと思います。

さて、本書の構成ですが、どの章から読んでいただいても結構です。いち早く知りたい情報に合わせて、次のように選んでお読みください。

○タイミングの価値についてもう少しお考えになりたい方

↓第1章『「タイミング」が授業の成否を分ける』へ

○タイミングを見極める四つの技術について、具体的に知りたい方

↓第2章『「タイミング」を見極める四つの技術』へ

○発問・対話・ICTの適切なタイミングについて、具体例を通して確かめたい方

↓第3章『方法と事例で見る　授業の適切な「タイミング」』へ

○45分の授業を通して、タイミングを見極める力をイメージされたい方

↓第4章『45分間の授業で見る「タイミング」』へ

それでは、本書を通して、一緒にタイミングを見極める力を高めていきましょう。

２０２４年１月

中野　裕己

もくじ

第2章 「タイミング」を見極める四つの技術

第3章 方法と事例で見る 授業の適切な「タイミング」

対話

ICT

第1章

「タイミング」が授業の成否を分ける

1 たくさんの『方法』を知っていれば、よい授業ができるのか

「どうすればいいの？」——新採用の頃の記憶

私が教員になったのは、２００８年4月のことでした。本書を執筆しているのが２０２3年ですから、今から約15年前のことです。初めて担任をしたのは、かわいい2年生。講師の経験もありませんでしたから、本当に右も左も分からない状態だったことを覚えています。


「朝の会って、どうすればいいの？」

「給食の配膳って、どうすればいいの？」

「子どもが泣いているんだけど、どうすればいいの？」

とにかく毎日が「どうすればいいの？」の連続でした。

もちろん、それは授業でも。

子どもを前にして授業した経験は、教育実習での数回だけでした。教育実習では、指導教官の先生が相談にのってくださいますが、自分が教員になるとそうはいきません。教師用教科書（通称・朱刷り）や指導書とにらめっこしながら、「どうすればいいの？」と、頭を抱えていました。

何しろ本当にどうすればいいのか、授業の方法が分からないのです。どうやって授業を始めればよいかも分からないですし、どうやって授業を閉じればよいかも分かりません。ましてや、子どもの学びを深めるための方法なんて、さっぱりです。指導書に書いてあることを、なんとか子どもにぶつけ続けるしかありませんでした。

——初任の頃のこのような思い出。先生方もおもちではないでしょうか。

ここで何を言いたいのかというと、**初めは誰もが「どうすればいいの？」と、方法を求めるしかない**ということです。何事もまずは方法が分からなければ手も足も出ませんから、これは当然のことです。

『方法』を集める授業改善―教員になって何年か経つと…

それでは、ここからは授業に絞って話を進めたいと思います。

教員になって何年か経つと、少しずつ授業の形が整ってきます（整ってきた気がしてきます）。校内の研究授業、研究会の授業公開などの機会が巡ってくることもあるでしょう。

そうなると、今度は、

「もっとよい授業をするには、どうすればいいの？」

と、さらに方法を求めることになります。

先に断っておくと、このように知っている方法を増やそうとすることは、決して悪いことではありません。知っている方法が増えることで、方法を選択することができるようになります。授業のねらいに合わせて方法を選択することができれば、子どもの学びが豊かになる可能性が高まります。この頃の私も、研究会で授業公開をさせていただくことになり、様々な方法を集めていたように思います。

記憶に残っているのは、４年生『ごんぎつね』の実践です。教員になって6年目、初めての異動で小規模の学校に赴任した最初の年でした。担任した学年は、４年生。自分が子どもの頃にも学んだ『ごんぎつね』を、初めて授業で扱うことができるということで、意気込んで教材研究したことを覚えています。

当時の私の物語文の授業は、「どうして～？」という発問を軸に、中心人物の気持ちを想像させることを基本としていました。ただ、この「どうして～？」という発問には、少し難しさも感じていました。「どうして中心人物は○○したの？」と発問しても、考えを記述することができない子どもが一定数いたからです。そうなると、授業は一部の子どもと教師とで進んでいくことになります。そのような限られた子だけが学んでいるような授業に、問題意識をもっていました。

そこで、子どもが考えやすい発問はないかと様々な書籍を購入し考えました。こうして見つけた方法が、選択型の発問です。「どうして中心人物は○○したの？」ではなく、「このときの中心人物は△△でしょうか？　それとも◇◇でしょうか？」のように、選択肢を提示して問うのです。そして、どちらかを選択させた上で、選択した理由を記述させます。

これはよい方法だと、わくわくしながら授業の準備をしました。そして、『ごんぎつね』

の山場である、ごんが兵十に撃たれた場面で選択型の発問をすることにしました。

> ごんは、ぐったりと目をつぶったまま、うなずきました。

この一文を提示して、**「このときのごんは、嬉しかったのでしょうか。それとも、悲しかったのでしょうか」**と、発問するのです。新美南吉の原文には、「権狐は、ぐったりなったままうれしくなりました」と書かれていることも知り、「これは子どもたちが考えやすいよい発問だ。最後に原文も紹介しよう」そんなふうに考えて、ますますわくわくしていました。

よい『方法』を知った教師が陥る罠―選択型の発問をやってみて

さて、ここからは、前述の選択型の発問を行った『ごんぎつね』の授業記録を紹介します。教材文を読み聞かせて、初発の感想を記述させ、登場人物と場面の内容を確認する…このように単元を進めていきました。いよいよ本時です。

教　師　昨日までの授業では、場面を分けて出来事をまとめましたね。今日は、前にたくさんの人が感想に書いてくれた最後の場面について、勉強しましょう。

子ども　ごんが撃たれた場面だ。

教　師　そうです。撃たれたごんは、「ぐったりと目をつぶったまま、うなずきました」って書いてあるね。このときのごんは、嬉しかったのでしょうか。それとも、悲しかったのでしょうか。

子ども　えー。死んじゃうから悲しい。

子ども　撃たれたから嬉しいわけないよ。

子ども　嬉しかったらおかしい。

子ども　悲しいって言うか怒ってるんじゃない？

これは、冒頭の5分間の授業記録です。初めからこちらの想定は完全に外れました。まず、多くの子どもが「悲しい」を選んでつぶやき始めたのです。さらに、「悲しいんじゃなくて、怒っているんじゃない？」と発話した子どもも現れて、こちらが用意した二つの選択肢は崩れ去りました。当時の私は、焦って次のように発話します。

教　師　でも、ほら兵十はごんがしていたことに気付いたから、ごんにとっては嬉しいもあるんじゃない？
子ども　いやー、「嬉しい」って言うか、「よかった」じゃない？
教　師　「よかった」も「嬉しい」の中に入れたら、「嬉しい」もありそう？
子ども　それなら、あるかも…。
教　師　じゃあ、「嬉しい」と「悲しい」のどちらかを決めた人は、ノートにその理由を書きましょう。

「〜嬉しいもあるんじゃない？」と、教師が「嬉しい」の選択肢に誘導しています。このときは、「なんとか選択型の発問を成立させなければ」と思っていたのでしょう。しかし、子どもは、「『嬉しい』って言うか、『よかった』じゃない？」と、教師の誘導にはのりません。素直に自分の考えを述べている素晴らしい姿ですが、その頃の私にはそのように捉える余裕はなく、なんとか「嬉しい」と「悲しい」の選択肢が成立するように、さらに誘導していきます。そして、子どもが「それなら、あるかも…」とのってくれたところで、考えをノートに書くように指示しました。

当時の子どもたちに申し訳なくなるくらい、選択型の発問という私が用意した方法が、そしてその方法にこだわる私が、子どもの学びを遮っていることが分かります。

その物語、その場面では有効に働かない『方法』だったのか

さて、前述の選択型の発問**「このときのごんは、嬉しかったのでしょうか。それとも、悲しかったのでしょうか」**について、「そもそも、『ごんぎつね』のこの場面では、こんな発問はしない」と、そんなふうに考える先生もおられるでしょう。つまり、その場面では有効に働かない方法だという捉え方です。確かにそれも一理ありますが、私はそうは言い切れないとも思っています。

> ごんは、ぐったりと目をつぶったまま、うなずきました。

ここでのごんの気持ちについて、「嬉しい」と「悲しい」から選択させることで、

「撃たれたごんが嬉しいと思っているとしたら、その根拠はどこにあるかな」
「撃たれたごんが悲しいと思っているとしたら、その根拠はどこにあるかな」

と、文章を読み返すことが促されます。すると、

「ごんは償いをしているうちに、自分がやっていることを兵十に分かってほしいという思いが生まれている」

などと、山場場面に至るまでのごんの行動や心内語を捉え直して、心の動きを想像することになります。これは、登場人物の気持ちの変化を想像するという、中学年の指導事項に合致しています。

つまり、**「このときのごんは、嬉しかったのでしょうか。それとも、悲しかったのでしょうか」**という発問は、この場面でも有効に働く可能性があると考えられます。

『実態に合わない』、『力量不足』の正体

前述の『ごんぎつね』の授業のように、有効に働く可能性のある方法がうまくいかない、先生方にもそんな経験はありませんか？

そんなとき、おそらく多くの先生方が、

「この子たちに合わなかったのかな」（実態に合わない）
「私の力がまだ足りないのかな」（力量不足）

などと考えると思います。これはある意味その通りだと思うのですが、そこで考えることを止めてしまっては、いつまでもその方法を有効に働かせることはできません。何を改善すれば、方法が有効に働くのかを考えることが大切です。

そのときの重要な視点が、**方法をいつやるか**ということ。すなわち、**タイミング**です。

いかなる方法もタイミングを誤れば『実態に合わない』ものになってしまいます。また、適切なタイミングを捉えられなかったということが『力量不足』となるのです。

2 『方法』が有効に働く『タイミング』

『タイミング』を視点に、授業を振り返る

それでは、先に紹介した『ごんぎつね』の授業を、タイミングを視点に振り返ってみましょう。

教　師　昨日までの授業では、場面を分けて出来事をまとめましたね。今日は、前にたくさんの人が感想に書いてくれた最後の場面について、勉強しましょう。
子ども　ごんが撃たれた場面だ。
教　師　そうです。撃たれたごんは、「ぐったりと目をつぶったまま、うなずきました」って書いてあるね。このときのごんは、嬉しかったのでしょうか。それ

とも、悲しかったのでしょうか。

まず、前時までの学習を簡単に確かめています。そして、「最初にたくさんの人が感想に書いてくれた最後の場面について、勉強しましょう」と、本時で中心的に扱う場面（ごんが兵十に撃たれた場面）を示唆しました。これについて子どもは、「ごんが撃たれた場面だ」と反応し、本時で中心的に扱う場面を共有している様子でした。

そこで教師は、「ぐったりと目をつぶったまま、うなずきました」という一文を提示して、選択型の発問「このときのごんは、嬉しかったのでしょうか。それとも、悲しかったのでしょうか」をしています。

このタイミングが不適切だったのです。

子どもは、本時で中心的に扱う場面は共有しているものの、「ぐったりと目をつぶったまま、うなずきました」という一文がなぜ提示されたのかは、十分に共有できていません。それにもかかわらず、矢継ぎ早に選択型の発問が行われています。

子どもにとっては、「ぐったりと目をつぶったまま、うなずきました」という一文が何を意味しているのか考えようとしているときに、新しいことを問われた…そんな状況です。

このときのごんは、嬉しかったのでしょうか。
それとも、悲しかったのでしょうか。
ぐったりと目をつぶったまま、
うなずきました。
今、こっちを
考えてるんだけど…
ごんは撃たれて
死にそうだから、
「悲しい」でいいか…

それでも発問に答えなければなりませんから、「ぐったりと目をつぶったまま、うなずきました」という一文の意味を考えることを捨てておいて、問われたことを考えることになります。

本来であれば、「ぐったりと目をつぶったまま、うなずきました」という一文の意味を深く考えなければ、このときのごんの気持ちを想像することは難しくなります。しかし、皮肉にもこのとき用いた方法は選択型の発問です。とにかく「嬉しい」、「悲しい」のいずれかを選べばよいのです。したがって、「ごんが撃たれて死にそうだから」と、ある意味安易な理由で「悲しい」を選択してしまったと考えられます。

このことは、次の発話によく表れています。

子ども　えー。死んじゃうから悲しい。
子ども　撃たれたから嬉しいわけないよ。
子ども　嬉しかったらおかしい。
子ども　悲しいって言うか怒ってるんじゃない。

ここまで分析すると、改善の方向性が見えてきます。「ぐったりと目をつぶったまま、うなずきました」という一文の意味を深く考える時間をとる必要があります。そして、子どもがその一文の意味を十分捉えたタイミングで、発問するということになります。

適切な『タイミング』を見極めて、授業を改善する

それでは、ここで用いた方法である選択型の発問「このときのごんは、嬉しかったのでしょうか。それとも、悲しかったのでしょうか」について、適切なタイミングをくわしく考えてみましょう。

適切なタイミングを見極めるためには、まず、方法の機能を確かに捉えておくことが大切です。選択型の発問には、次のような機能があると言えるでしょう。

方法を『捉える』

〈選択型の発問〉

○二つの選択肢と教材とを、それぞれ関連づける思考を促す。
○選択肢を選べばよいという安心を生む。
↓　学習に取り組みたくなる。

このような機能が十分に発揮されるためには、**子どもにとって必要なタイミングで**発問することが重要です。実際の子どもの発話を想定しながら、そのタイミングを見極めていきましょう。

教　師　昨日までの授業では、場面を分けて出来事をまとめましたね。今日は、前にたくさんの人が感想に書いてくれた最後の場面について、勉強しましょう。

子ども　ごんが撃たれた場面だ。

教　師　そうです。撃たれたごんは、「ぐったりと目をつぶったまま、うなずきました」って書いてあるね。

この「ぐったりと目をつぶったまま、うなずきました」という一文を提示する働きかけの後、矢継ぎ早に選択型の発問を行ったのが、改善前の流れでした。今回は、この一文を提示する働きかけの後、間をとります。つまり、子どもの学びを待つのです。

『待つ』

〈子どもの学びを待つ〉

〇一文「ぐったりと目をつぶったまま…」を提示した働きかけの後、待つ。

〇子どもの姿を見とり、構想していたその後の展開を調整しながら、待つ。

待つことで、子どもたちからは、次のような発話が聞こえてくるでしょう。

子ども　かわいそう。
子ども　分かる。かわいそうだよね。
子ども　だって、ごんが兵十に撃たれて死んじゃいそうだから。
子ども　そうそう。栗とか松茸を持ってきたのに。

ここでは、このような発話はもちろん、子どもの様々な反応を見とることが大切です。

『見とる』

〈子どもの発話、視線、体勢を見とる〉
○「かわいそう」などと感想を述べる発話。
○提示された一文を見つめる視線。
○発話に共感する、もしくは共感できていない体の動き。

発話にあった「かわいそう」は、ここで発問しようとしている選択肢の一つである「悲しい」につながる感想です。必ず見とるとともに、発話していない子どもがその発話をどう受け取っているか、視線や体の動きから見とることが大切です。

また、ここでは想定していませんでしたが、もしも「よかったんじゃない？」のように、ごんの償いに兵十が気付いたことに着目した発話があれば、それも同じように見とります。この発話がある程度共感的に受け入れられるのであれば、この時点で選択型の発問「このときのごんは、嬉しかったのでしょうか。それとも、悲しかったのでしょうか」の適切なタイミングが訪れたと言えるでしょう。

しかし、「ぐったりと目をつぶったまま、うなずきました」という一文の提示だけで、そのようなつぶやきが聞こえてくるのは少し難しいかもしれません。そうなると、選択型の発問を行うタイミングは永遠に訪れません。

したがって、タイミングを創り出すために働きかける必要があります。

『創り出す』

〈タイミングを創り出す〉

○「兵十、ひどいよね」と、ごんの立場に寄り添った極端な意見を言い切ることで、ごんと兵十の認識の違いに視点を絞る。

具体的には、次のように働きかけます。

教　師　兵十、**ひどいよねえ。**

子ども　でも、兵十はいたずらしにきたって思ってるから、しょうがないよ。

教師は「兵十、ひどいよねえ」と、「償いをしにきたごんを撃った兵十はひどい」という、極端な考えを言い切ります。すると、「でも、兵十はいたずらしにきたって思ってるから…」のように　発話する子どもが現れます。これはごんと兵十の認識の違いに視点を絞った姿です。ここで、さらに働きかけます。

『創り出す』

〈タイミングを創り出す〉

○「しょうがない」という子どもの発話を指差ししながら、**「ごんは兵十に分かってもらえなかった」と言い切る**ことで、償いをし続けたごんの気持ちに視点を絞る。

具体的には、次のように働きかけます。

教　師　そうだね。ごんはずっと栗や松茸を持っていっていたけど、**兵十に分かってもらえなかったんだよね。**

子ども　でも、ここで「ごん、おまえだったのか」って、兵十も分かったんだよ。

教　師　だから、ごんはうなずいているんだ。ずっと分かってもらえなかったのに、分かってもらえたことは**嬉しい**ね。

教師は「…ごんはずっと栗や松茸を持っていっていたけど、兵十に分かってもらえなかったんだよね」と、「報われなかった」というごんの視点で言い切ります。すると、「でも、ここで『ごん、おまえだったのか』って…」と、兵十がごんの償いに気付いた叙述に目を向ける子どもが現れます。これは、ごんの気持ちに視点を絞った姿です。教師の発話ではありますが、ここで発問しようとしている選択肢の一つである「嬉しい」という言葉を出すことができます。

さて、いよいよ選択型の発問「このときのごんは、嬉しかったのでしょうか。それとも、悲しかったのでしょうか」のタイミングが近づいてきました。しかし、ここで焦りは禁物です。最後の最後でタイミングを誤らないように、子どもの様子を見とります。

『見とる』

〈子どもの発話、視線、体勢を見とる〉

○「でも…」と『嬉しい』という選択肢に反論しようとする発話。
○文章を読み返して手がかりを見つけようとする視線。
○「うーん」と迷っている体の動き。

これらは、「どちらだろう」と、二つの選択肢の間で迷っている子どもの姿と言えます。そのような子どもの姿を見とったときが、**適切なタイミング**です。

教　師　なんだかまだ話したそうな人がいるね。文章を読み返している人もいるね。じゃあ、このときのごんは、嬉しかったのでしょうか。それとも、悲しかったのでしょうか。

このように、『方法を捉える』『待つ』『創り出す』『見とる』という四つの技術を駆使して発問のタイミングを改善することで、子どもは『悲しい』『嬉しい』といった選択肢に基づいて文章を読み返していきます。すると、山場場面に至るまでのごんの行動や心内語を捉え直して、心の動きを想像することになります。つまり、選択型の発問という方法が有効に働くことになるのです。

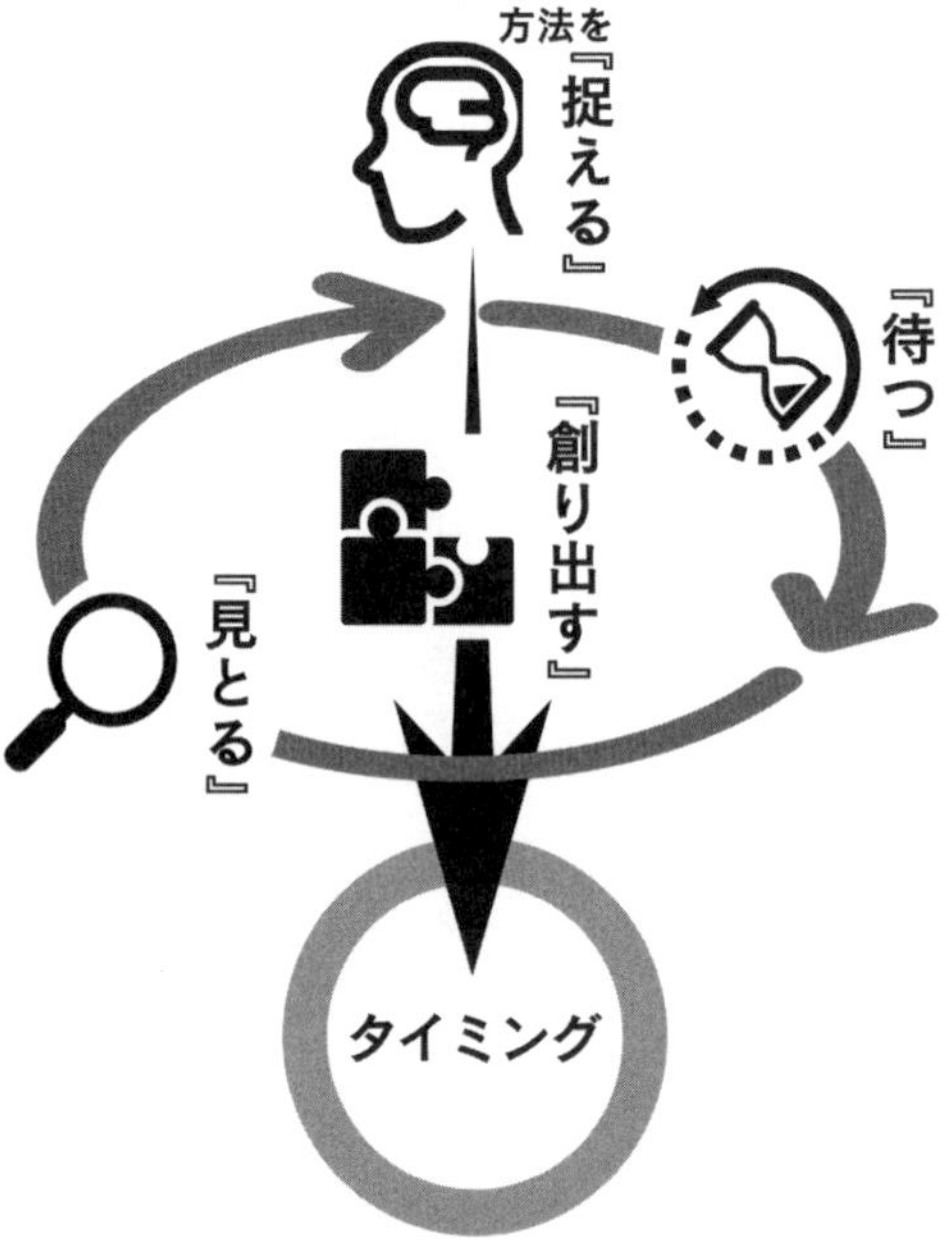

タイミングを見極める四つの技術

なお、『方法を捉える』『待つ』『創り出す』『見とる』という四つの技術については、第２章（タイミングを見極める四つの技術）にて、くわしく述べたいと思います。

3 今、これからの授業は『タイミング』が９割

タイミングが重要にならない授業展開

ここまで、方法が有効に働くためにはタイミングが重要であることを述べてきました。しかし、実は**タイミングがそれほど重要にならない授業展開**もあり得ます。次の授業記録をお読みください。こちらも『ごんぎつね』を教材とした授業です。

教　師　今日の学習のめあては、ごんの気持ちの変化を想像することです。それでは、教科書の〇ページを開きましょう。
子ども　開きました。
教　師　早いですね。では、先生に続いて音読しましょう。

子ども　（音読する）

教　師　今日は、今音読した場面について、ごんの気持ちを「気持ちグラフ」に表しましょう。まず気持ちグラフの書き方を確かめます。

子ども　はい。

教　師　最初に、ごんの気持ちが分かる文を見つけて、どんな気持ちかを考えます。そして、ごんの気持ちがどのくらい兵十に近づいているかを考えて、数値で表し、みんなで折線グラフを作っていきましょう。

子ども　はい。

教　師　では、教科書の○ページから、ごんの気持ちが分かる文に線を引きましょう。

子ども　（それぞれが文に線を引く）

教　師　△さん、どこに線を引いたのか発表してください。

子ども　私が線を引いた文は…

ここでまず共有しておきたいことは、非常にスムーズに授業が進行しているように見えるということです。「気持ちグラフ」という方法も、手順にしたがって着々と進められています。

それでは、少し視点を変えてみましょう。こちらは、先の授業展開において子どもが発話した内容です。

- 開きました。
- （音読する）
- はい。
- はい。
- （それぞれが文に線を引く）
- 私が線を引いた文は…

お気付きになりましたでしょうか。これらは、全てが教師の指示したことに応答する発話になっています。このことは、教師が発する、子どもが受けるという形式で授業が進行していることを示しています。つまり、教師主導と言われる授業展開です。

このような授業展開では、基本的に教師のタイミングで授業が進んでいきます。そして、子どもはそれに合わせて動いていくことになります。あくまで教師のタイミングですから、「タイミングを見極める」というよりも、「決められたタイミング通りに」と言う方が適当でしょう。先の「ごんぎつね」の授業展開例であれば、

「めあてを提示した後に、音読をさせよう。そうしたら、気持ちグラフの書き方を確かめた後に、ごんの気持ちが分かる文に線を引かせよう」

と、ある意味システマチックに授業が進行していくわけです。

この教師主導の授業展開は、はっきり言って非常に楽です。そのとき目の前の子どもの姿に基づいた即時的な判断が、ほとんど必要なくなるからです（もちろん、きちんと授業を構想しておく苦労はあります）。計画した通りに授業を進めるわけですから、本書で述べているようなタイミングがそれほど重要にならないのです。

しかしながら、この教師主導の授業展開は、子どもの学びに有効ではないことが多くあります。

教師主導の問題点―口頭継承パラダイム

上智大学の奈須正裕氏は、「令和の日本型学校教育」を語るにあたって「学校教育の過去・現在・未来のモデル」(Branson, 1990) をたびたび引用されます。このモデルは、教師と子どもによって展開される学びの様相を、非常に分かりやすく表しています。

日本の教育で言う教師主導の授業展開は、ブランソンの論文で「口頭継承パラダイム」として紹介されています。下の図を見ると分かるように、学びのリソースとなる知識や経験を常に教師が握っています。そして、ある種一方的に子どもへと伝達されるのです。この一方的な伝達を、ブランソンは重要な問題として指摘しています。

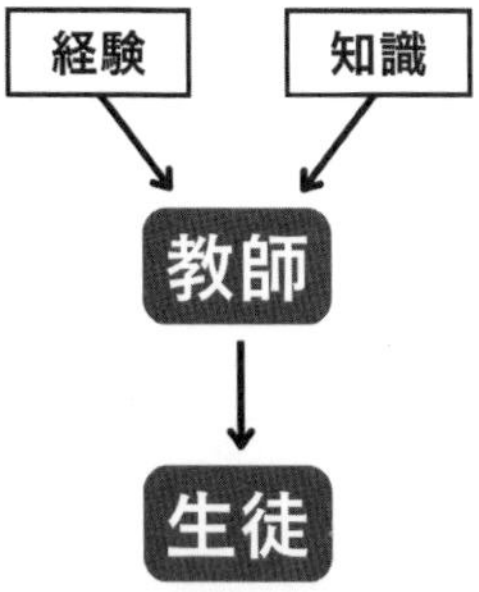

口頭継承パラダイム

先の「ごんぎつね」の授業展開例でも、教師から一方的に知識が伝達されたり活動が指示されたりしていました。そのような一方的な形で受け取った知識は、何に使える知識なのかが分かりません。また一方的な形で受け取った活動は、その後に子どもが自らやろうとすることはありません。つまり、**「使い道の分からない」知識や経験**となるわけです。ここに、「口頭継承パラダイム」、つまり教師主導の大きな問題があります。

今、これからの授業―現在のパラダイム、情報技術パラダイム

では、教師主導の問題点を乗り越えた、今、これからの授業はどのような授業なのでしょうか。ブランソンは「現在のパラダイム」と「情報技術パラダイム」を紹介しています。

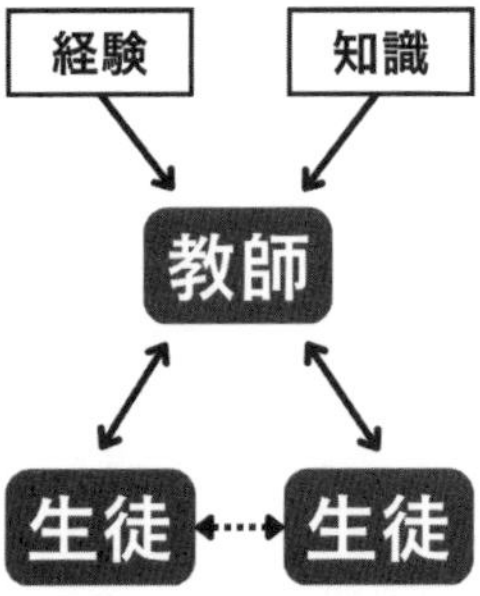

現在のパラダイム

「現在のパラダイム」は、ブランソンが1990年時点のアメリカの学校教育を指して述べたものです。これは現在の日本の学校教育にも当てはめることができるのではないでしょうか。学びのリソースとなる知識や経験は依然として教師が握っていますが、教師と子ども、子どもと子どもの相互作用による学びが示されています。なお、子どもと子どもの間の矢印が点線になっていることは、その相互作用が二次的なものであることを意味していますが、奈須正裕氏は「日本の授業ならば、堂々と太い実線で表していいでしょう。この点に関して、日本の授業は世界に冠する水準を実現しているのです」(1)と、

述べています。

この「現在のパラダイム」は、知識や経験を一方的に伝達するものではありません。教師と子どもの相互作用が前提となっているわけですから、子どもが何を必要としているか、何をしたいかといったことを見極める必要があるのです。また、知識や経験を伝達したことによる子ども同士の相互作用も、視野に入れておく必要があります。つまり、教師から伝達された知識や経験は、子どもにとって**「使い道の分かる」経験や知識**となることが期待できます。

ただし、ブランソンは、学びのリソースとなる知識や経験を教師が握っていることを指して、「今日のニーズを満たしていない」と述べています。日本の現在の子どもたちを見ても、一人一台端末を活用することで、いつでも様々な情報を引き出すことができる状況にあります。そのような子どもたちに、「まあ待ちなさい」と使う情報を過度に制限することは、確かに野暮でしょう。また、より個に焦点づけて学びを考えると、子ども自身が情報に直接アクセスできるほうが、自分自身に合った学びを得られる可能性が高まります。

そこで「今日のニーズを満たす」モデルとしてブランソンが示しているのが、「情報技術パラダイム」です。ここでは、子どもが教師を介することなく、自由に知識データベー

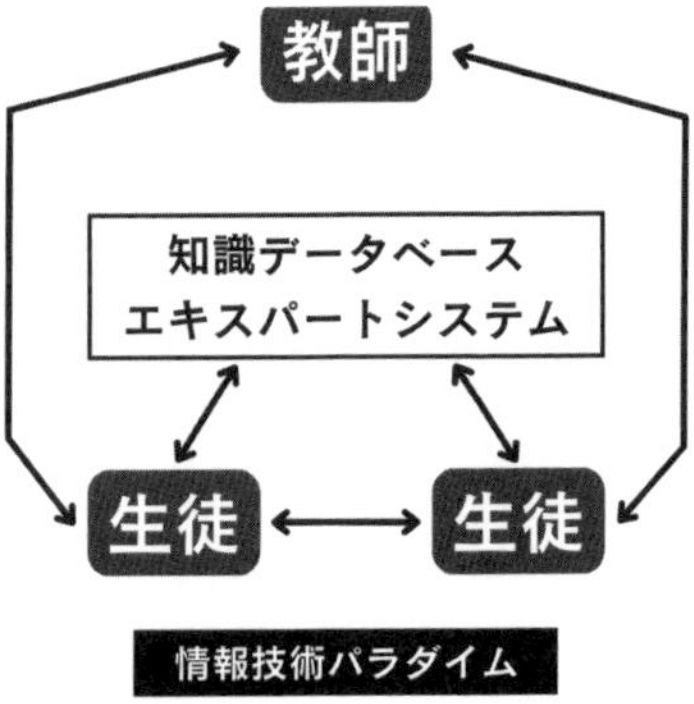

ス(2)やエキスパートシステム(3)にアクセスできます。つまり、それぞれがそれぞれにとって必要な知識や経験を引き出し、個性的に学びを進めていくことができます。さらに、ここでは教師も子どもと同様に知識データベースやエキスパートシステムにアクセスすることになります。教師と子ども、子どもと子どもとが相互作用しながら、一人一人の個性的な学びを深めていくのです。

子どもたちが自ら情報にアクセスし学び進めていくわけですから、得た知識や経験は、当然**「使い道の分かる」知識や経験**となるはずです。さらに、学びたい子どもはどんどん情報を引き出して学び進めていくことができますし、同じテーマであっても個人の特性や興味に合った情報を自由に

（１）奈須正裕「『令和の日本型学校教育』が求めるもの」『これからの小学校教育を考える！情報マガジン［ティーナビ・エデュ］』vol.12、２０２２年６月、４頁）
（２）それまでの学習で得た知識や経験をまとめたもの。
（３）特定の専門分野の知識をもち、専門家のように事象の推論や判断ができるようにしたコンピュータシステムのこと。

引き出すことができます。つまり、中教審答申「『令和の日本型学校教育』の構築を目指して」で示された「個別最適な学びと協働的な学びの一体的な充実」に合致したモデルであると言えます。

今、これからの教師の役割

私たちが授業を通して子どもに身に付けさせたいのは、言うまでもなく**「使い道の分かる」知識や経験**です。そうなると、授業は、ブランソンの示す「現在のパラダイム」「情報技術パラダイム」のいずれかのモデルで展開されるべきでしょう。

なお、ブランソンは「現在のパラダイム」を「情報技術パラダイム」へシフトすることを述べていますが、私は小学校の授業には「現在のパラダイム」も一部残ってしかるべきだと考えています。つまり、学びのリソースとなる知識や経験を教師が握って、子どもの実態に合わせて伝達するような展開は、必要であるという立場です（後述「コラム1」）。

その「現在のパラダイム」においては、子どもの学びの状況を見とって、**適切なタイミングで方法を起動し、知識や経験を伝達する教師の役割**が重要になってきます。そうすることで、伝達された知識や経験は、「使い道の分かる」知識や経験として子どもに認識されます。また、子ども同士の相互作用が活性化して学びが深まっていきます。

「情報技術パラダイム」においては、子どもが自由に知識や経験を引き出して、個性的に学びを進めていきます。ここでは、そのような学びの状況を見とって、**適切なタイミングで方法を起動し、子どもの追究を整理したり揺さぶったりする教師の役割**が重要になってきます。そうすることで、子どもはさらに知識や経験を引き出そうとしたり、他者との相互作用を活性化させたりして学びを深めていきます。

したがって、私たち教師はその役割を果たすために、今後も様々な方法を授業に取り入れていくことになるでしょう。そして、どのような方法を取り入れたとしても、その方法が有効に働かなければ何の意味もありません。ここまで述べてきた通り、方法が有効に働くか否かはそのタイミングにかかっているのです。

今、これからの**授業はタイミングが９割**。

そう言い切って第１章を閉じたいと思います。

コラム1

教師が情報をコントロールする価値は

第1章では、ブランソンの論文から三つの学びの様相を引用しました。ブランソンは、情報技術パラダイムへの転換を主張しています。しかしながら、私は、**「小学校の授業には『現在のパラダイム』も一部残ってしかるべきだと考えています」**と述べました。このことについて、本書をお読みのみなさんと考えてみたいと思っています。

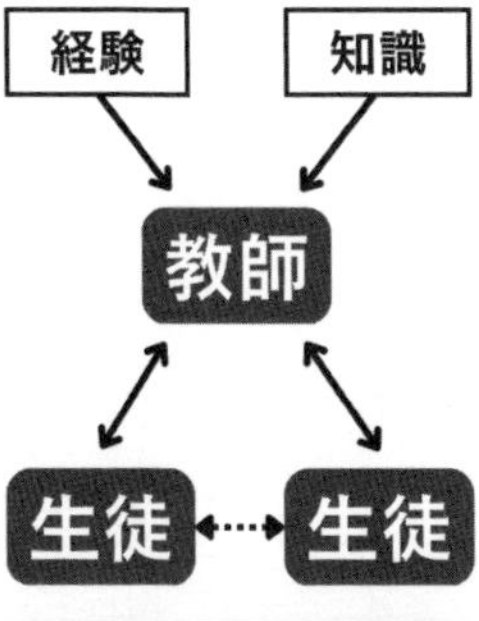

現在のパラダイム

現在のパラダイムにおいては、知識や経験といった情報を教師がコントロールしているとされています。つまり教師だけが参照できる情報が存在するという状況になります。私はこのような状況が必要な場合もあると考えているということです。

例えば、1年生の説明文教材の授業で考えてみましょう。1年生の説明文教材は、「問い―答え①―答え②―答え③」のように構成されている教材が多くあります。そこで、単

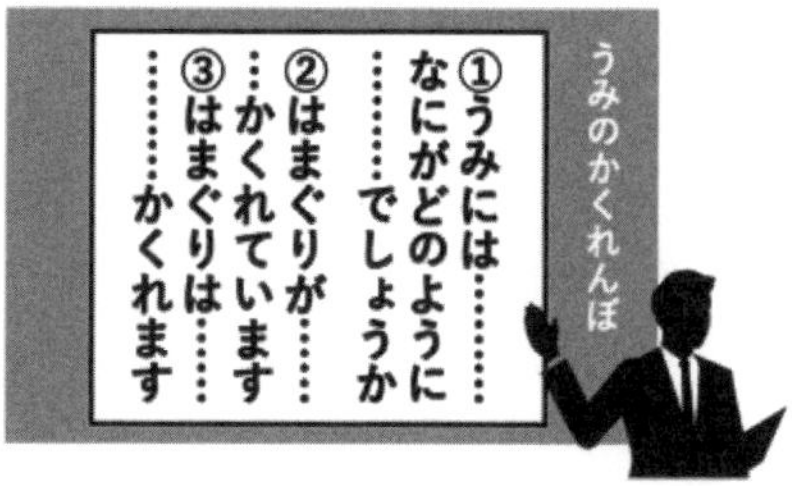
うみのかくれんぼ
①うみには………なにがどのようにかくれているのでしょうか
②はまぐりが………かくれています
③はまぐりは………かくれます

文章の一部のみを提示する授業（例）

元の1時間目では、教師が文章の一部「問い―答え①」のみを提示して読みかせます。そうすることで、子どもは、**「問いと答え」の関係によりよく気付くことができる**とともに、**「まだほかにもありそう」と、その後の文章への期待感をもつ**ことができます。発達段階に応じて情報量を抑えて知識を習得しやすくするとともに、教材への興味を高めるわけです。

また、今度は1年生に限定せずに、詩教材の授業でも考えてみましょう。詩の題名を隠して本文だけを提示します。すると子どもは、「題名は何だろう」と問いをもち本文を根拠にしながら考えることになります。これは、**複数の叙述を関連づけて主題を考える姿**と言えます。つまり、題名という情報を制限することで、「複数の叙述を関連づける」という読み方（方略）が自ずと習得されるというわけです。

もちろん、全ての情報を子どもに開放して学ぶ状況を創ることは、我々が目指すべきあり方だと考えています。一方で、発達段階、子どもの思い、そして習得すべきことを考えて、時には教師が情報をコントロールしながら学びを創っていくことも大切です。

第2章

「タイミング」を見極める四つの技術

0 四つの技術
「捉える」「創り出す」「待つ」「見とる」

第1章では、授業におけるタイミングの重要性について述べました。

「なるほど、だから同じ方法で授業をしても、自分の教室ではうまくいかなかったのか」と、そんなふうに思っていただいていれば、幸いです。ただし、本書が、お読みの先生方のお役に立つものになるためには、「問題点」を指摘するだけでなく、その「改善策」を示すことが重要です。つまり、

「どうすれば、方法が有効に働くタイミングを見極めることができるか」

という問いに答えるということです。第2章では、タイミングを見極める技術として、方法を**「捉える」技術**、タイミングを**「創り出す」技術**、子どもの学びを**「待つ」技術**、子どもの学びを**「見とる」技術**の四つを挙げて解説していきます。

四つの技術は、授業前の計画の時点で駆使される技術、授業の中で即時的に駆使される

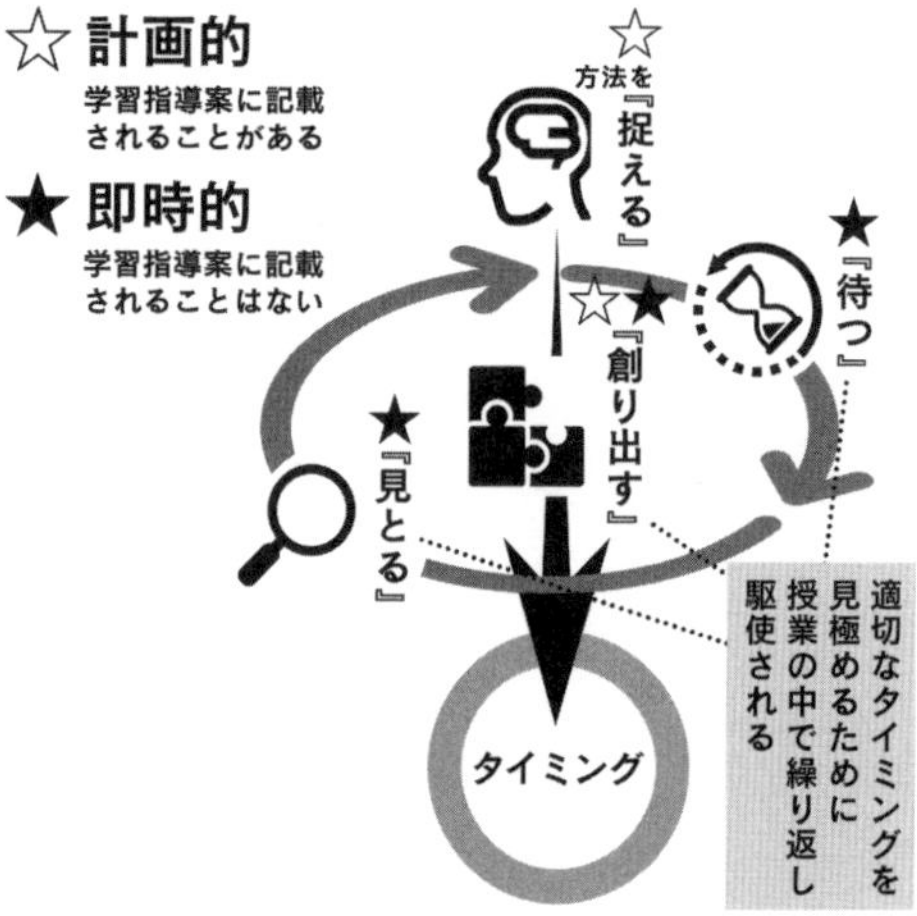
☆計画的
学習指導案に記載されることがある
★即時的
学習指導案に記載されることはない
☆方法を『捉える』
☆★『創り出す』
★『待つ』
★『見とる』
適切なタイミングを見極めるために授業の中で繰り返し駆使される
タイミング

タイミングを見極める四つの技術の関係図

技術に分けられます。授業前の計画の時点で駆使される技術は、方法を「捉える」技術です。授業に用いる方法に、どのような機能があるのかをあらかじめ検討しておくのです。「創り出す」技術は、方法を用いるタイミングを創り出すために働きかける技術です。計画的ではありますが、授業の中で即時的に駆使される「待つ」技術と「見とる」技術によって調整されるという側面があるため、計画的と即時的の両方に当てはまるものとして示しています。また、「創り出す」技術、「待つ」技術、「見とる」技術は、授業中に繰り返し駆使されることになります。タイミングを創り出すために働きかけながら、子どもが自ら学ぶ空白を創りながら、子どもの学びを見とることを繰り返すのです。

ここからは、四つの技術をどのように駆使していくのか、具体的に述べていきます。

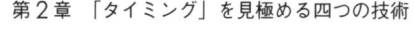

1 方法を「捉える」技術

方法を『捉える』

その方法がねらいに迫るために必要なものである否かを判断するために、必要になってくるのが方法を「捉える」技術です。

適切なタイミングを見極めることは、その方法がねらいに迫るために必要なものであるということが前提になります。そこで、その方法が子どもにどのような影響を及ぼすか、つまり機能を明確にしておく必要があります。これが曖昧であったならば、その方法がねらいに迫るために必要なものであるという前提が崩れてしまいます。そうなると、タイミングというよりも、「その方法でいいのか」ということになってしまいます。

まずどの方法にも、**思考を促す**という機能があります。これは、特定の考え方をするように子どもを導くものです。例えば、「比較する」という思考を促された子どもは、「似ているところは…」「違うところは…」というように考えていくことになります。なお、思

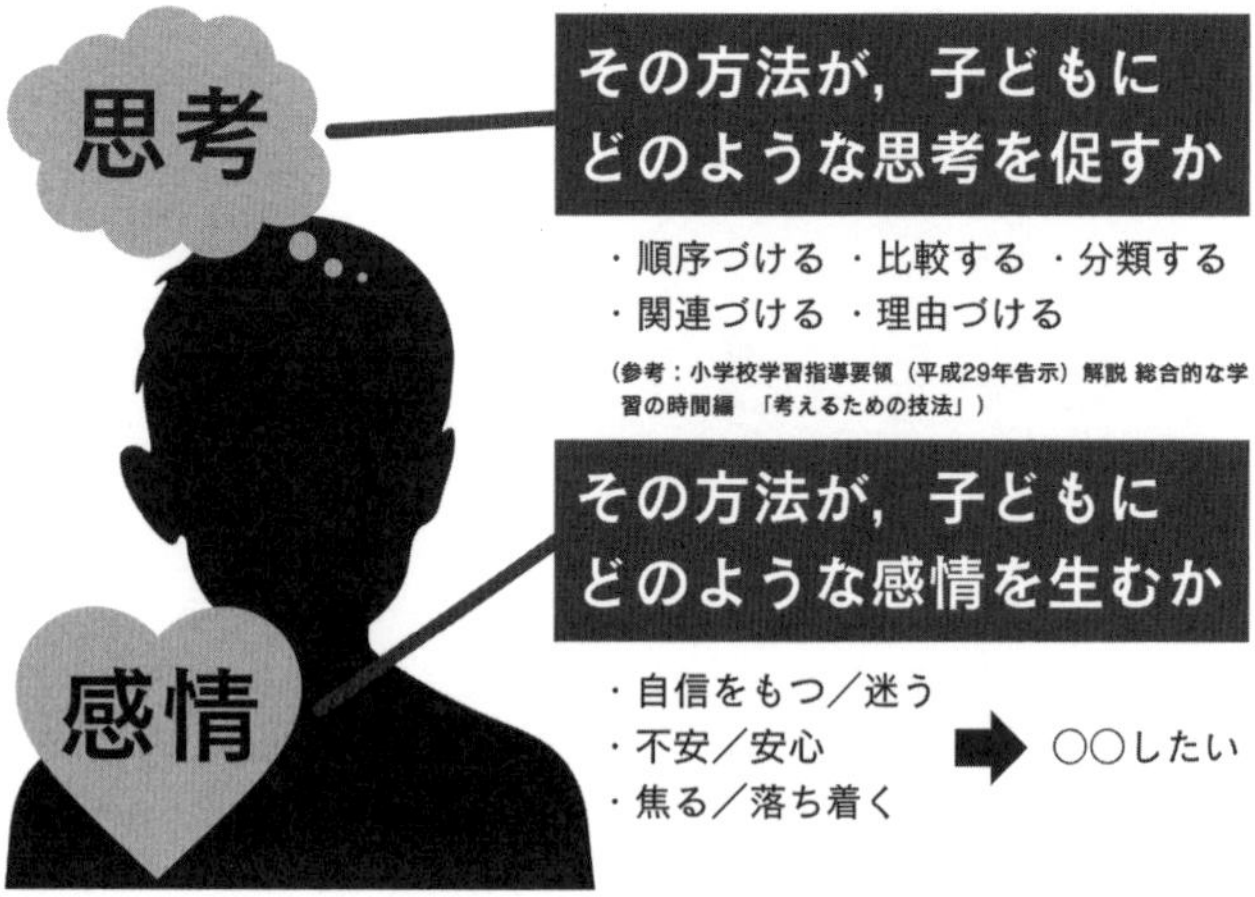
思考
その方法が，子どもに
どのような思考を促すか
・順序づける ・比較する ・分類する
・関連づける ・理由づける
（参考：小学校学習指導要領（平成29年告示）解説 総合的な学習の時間編 「考えるための技法」）
その方法が，子どもに
どのような感情を生むか
感情
・自信をもつ／迷う
・不安／安心
・焦る／落ち着く
○○したい

考を促すという機能の多くは、**「順序づける」「理由づける」「比較する」「分類する」「関連づける」**のいずれかで捉えることができます。

次に、どの方法にも、**感情を生む**という機能があります。これは、特定の思いを抱くように子どもを導くものです。例えば、「迷う」という感情を生むように導かれた子どもは、「教材に書かれていることを確かめたい」というように自ずと学びに向かっていきます。なお、感情を生むという機能を捉えるにあたっては、努めて子どもの立場になって丁寧に想像することが大切です。

ここまで述べた通り、授業に何らかの方法をもち込むにあたっては、

「どのような思考を促すか」
「どのような感情を生むか」

という2種類の機能を十分検討し捉えておくのです。そうすることで、その方法がねらいに迫るために必要なものであるということが明確になります。

ここからは、多くの授業で取り入れられているだろう、発問、対話、ＩＣＴに関わる方法について、それらの機能を掲載します。なお、方法の機能は、教材の特徴や子どもの実態によって変化することがあります。したがって、ご自分で方法を「捉える」技術を駆使する際の参考としてご覧ください。

方法を捉える技術のPoint!

○方法の機能を、思考を促す機能と感情を生む機能の2種類で捉える。
○思考を促す機能は、「順序づける」「比較する」「分類する」「関連づける」「理由づける」のいずれかで捉える。
○感情を生む機能は、子どもの立場になってできるだけ丁寧に想像する。
※方法の機能は、教材の特徴、子どもの実態によって変化する。したがって、教材と子どもとを根拠に捉え直すことができるようにする。

発問に関わる方法の機能

発問とは、教師が子どもに問いかける指導言を指します。具体的には、子どもがどの程度の予備知識をもっているかを診断する発問（一問一答的な問い）と、教科内容に則して子どもに深く考えさせる発問（子どもの解釈や意見を問う）の二つに分類できます。本書で方法として取り上げる発問は、後者の子どもに深く考えさせる発問になります。

発問に関わる方法は、基本的に教材と**関連づける**思考を促します。国語科の「読むこと」領域の授業であれば、文章を読み返すことを促すと言い換えても差し支えありません。

さらに、発問に関わる方法は、基本的に**不安**や**迷い**を生みます。「できたつもり」「分かったつもり」になっている子どもを、「あれ？　ちょっと待てよ」と立ち止まらせるのです。

第1章の「ごんぎつね」を教材とした授業で示した通り、これらの機能は、発問するタイミングがふさわしくないと表れないことがあります。

それでは、ここからは、発問に関わる方法を四つ挙げて、それぞれの詳細な機能を掲載していきます。

1 比較の発問

Aについて、Bと似ているところはどこですか

Aについて、Bと違うところはどこですか

改訂前の文章は，改訂後の文章とどこがちがうかな？

教材「想像力のスイッチを入れよう」(光村５年)より

- 対象同士を**比較する**思考を促す。
- 対象Aを構成する要素を、対象Bとの類似点、相違点に**分類する**思考を促す。
- 未知のAについて、既知のBを基に考えるという状況になるため、**自信**や**安心**を生む。

↓学習に取り組みたくなる

↓自分の考えを伝えたくなる

2　選択型の発問

教材「一つの花」（東書４年，光村４年）より

AとBのどちらでしょうか

一番○○なのはどれでしょうか

・選択肢同士を**比較する**思考を促す。
・選択肢が複数ある場合は、1番、2番…と、**順序づける**思考を促す。
・それぞれの選択肢と教材（相手、目的）とを**関連づける**思考を促す。

・選択肢を選べばよいという**安心**を生む。
↓学習に取り組みたくなる
・どれがふさわしいかという**迷い**を生む。
↓教材を確かめたくなる
↓他者の考えを聞いてみたくなる

3 仮定の発問

もし○○だったら、どこが変わるでしょうか
もし○○だったら、どうなるでしょうか

教材「スーホの白い馬」（光村２年）より

- 教材（題材）について、本来のものと仮定したものとを**比較する**思考を促す。
- 仮定した事柄と教材とを**関連づける**思考を促す。
- 教材（題材）の安定した状況が仮定によって崩されるため、**不安**を生む。
  - ↓教材を確かめたくなる
  - ↓他者の考えを聞いてみたくなる

4 理由を問う発問

Aについて、〇〇なのはどうして／なぜでしょうか

・対象Aの〇〇について、自分の知識や経験を想起して**理由づける**思考が促される。

・教材に根拠を求めるという読み方が身に付いていれば、対象Aの〇〇について、教材の他の部分と**関連づける**思考が促される。

・理由を考えるにあたっては、自らのアイデアによるところが大きい。例えば、どの知識や経験を想起するか、教材のどの部分と関連づけるかは規定されていない。したがって、**不安**や**迷い**を生む。→他者の考えを聞いてみたくなる

教材「たんぽぽのちえ」（光村２年）より

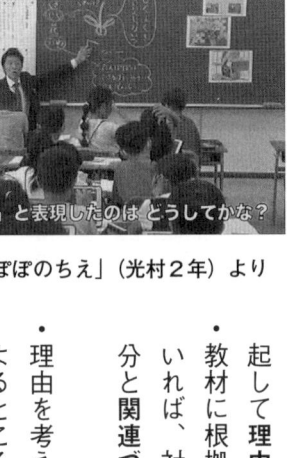

対話に関わる方法の機能

対話とは、いわゆる他者との話し合い活動を指します。ペア、グループ、全体、フリーのように、対話する環境の設定によって方法が分類されます。

思考を促す機能は、基本的にはどの方法も共通しています。まず、聞き手に対しては、相手の考えと教材とを**関連づける**思考を促します。そして、話し手に対しては、根拠を見いだしたり経験を想起したりして**理由づける**思考を促します。さらに、自他の考えを**比較する**思考、**関連づける**思考、**分類する**思考、**順序づける**思考を促します。このように思考を促す機能は共通しているのですが、方法によって色濃く表れるものは違ってきます。

また、感情を生む機能は、方法によって様々です。これは、ペア、グループ、全体、フリーといった環境の違いが大きく作用するためです。それだけ、環境は子どもの感情に大きな影響を及ぼすのです。

それでは、ここからは、対話に関わる方法を四つ挙げて、それぞれの詳細な機能を掲載していきます。

1　ペア対話

座席が隣の相手など、一対一で決められた相手と話し合う

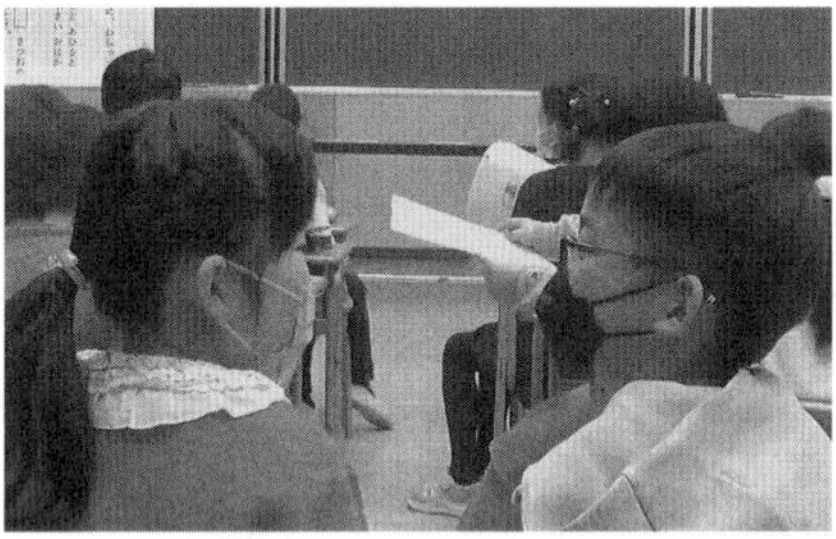

- 自他の考えを**比較する**思考、**関連づける**思考を促す。
- 相手の思いをよりよく理解しようとする中で、相手の考えと教材とを**関連づける**思考を促す。
- 相手に自分の思いをよりよく伝えようとする中で、**理由づける**思考を促す。
- 一対一であることから、**落ち着いて**話したり聞いたりすることができる。
  ↓自分の考えを伝えたくなる

2 グループ対話

3～5人の決められたメンバーで話し合う

- 複数の考えを**比較する**思考、**関連づける**思考、**分類する**思考、**順序づける**思考を促す。
- 相手の思いをよりよく理解しようとする中で、相手の考えと教材とを**関連づける**思考を促す。
- 相手に自分の思いをよりよく伝えようとする中で、**理由づける**思考を促す。
- 自分の状態や特性に合った参加の仕方（話す中心・聞く中心など）ができるため、**安心感**を生む。

↓課題について、より深く考えたくなる

3 全体対話

学級の子ども全員と教師とで話し合う

・教師の問い返しや板書によって、複数の考えを**比較する**思考、**関連づける**思考、**順序づける**思考、**分類する**思考を促す。
・相手の思いをよりよく理解しようとする中で、相手の考えと教材とを**関連づける**思考を促す。
・相手に自分の思いをよりよく伝えようとする中で、**理由づける**思考を促す。
・情報が教師によってコントロールされるため、話題に遅れることのない**安心感**を生む。
→課題について、より深く考えたくなる

4　フリー対話

自由に移動しながら、自分自身で相手を決めて話し合う

・自他の考えを**比較する**思考、**関連づける**思考を促す。

・相手の思いをよりよく理解しようとする中で、相手の考えと教材とを**関連づける**思考を促す。

・相手に自分の思いをよりよく伝えようとする中で、**理由づける**思考を促す。

・聞いてみたい事柄、聞いてみたい相手が明確になるため、**自信をもって**対話できる。
　↓自分の考えを伝えたくなる
　↓相手の考えを聞きたくなる

ＩＣＴに関わる方法の機能

私たちは、スマートフォンで友人とやりとりをする、インターネット上からデータを端末にダウンロードするなど、日常的にＩＣＴを活用しています。このようなＩＣＴの活用は、一人一台端末の整備によって、授業にも急速に普及することになりました。

授業におけるＩＣＴについて、共通して言えることは「修正が容易である」ということです。つまり、一度入力した情報に対して、追加、削除、移動、複製を瞬時に行うことができるということです。このことは、課題追究の過程に大きな影響を及ぼします。今まで「修正するのが面倒だから」「ノートが汚れるのが嫌だから」と避けられていた試行錯誤する学び方が促されるのです。

さて、方法を「捉える」技術で述べてきた思考を促す機能、感情を生む機能についてですが、発問や対話とは違い、ＩＣＴは使用方法によって、全く異なる性格をもちます。このことから、「どのように使うのか」が非常に重要なツールであると言えます。

それでは、ここからは「どのように使うのか」にあたる方法を四つ挙げて、それぞれの詳細な機能を掲載していきます。

1 考えをアウトプットする

・テキスト、図表、画像、動画など様々な形式でアウトプットすることができるため、複数の情報を**関連づける**思考を促す。

・様々な形式でアウトプットすることができるため、自分に合った形式で表現できるという**安心感**を生む。
→自分の考えを表現したくなる

私は全ての場面が繋がっていると思いました。1場面で牧場のおばさんから「子馬の名前付けてよ」と言われたことが物語の始まりだと思いました。私が1場面で大切だと思ったことは、勇太と出会ったことです。勇太と出会わなかったら、最後の場面で春花に「ありがとう」の気持ちにはならなかったので、私は1場面で勇太と出会ったことが大切だと思いました。そして、1場面で子馬の名前のことを勇太に伝えた後に勇太が態度が悪くなったのは、勇太が子馬が受け取られることを知っていたか、自分や友達が子馬を引き取る予定だったのを知っていて自分も悲しくなったから、勇太は子馬の話を聞いて、態度が悪くなったのかなと思いました。

テキスト，写真，図を組み合わせたアウトプット

2 情報を整理する

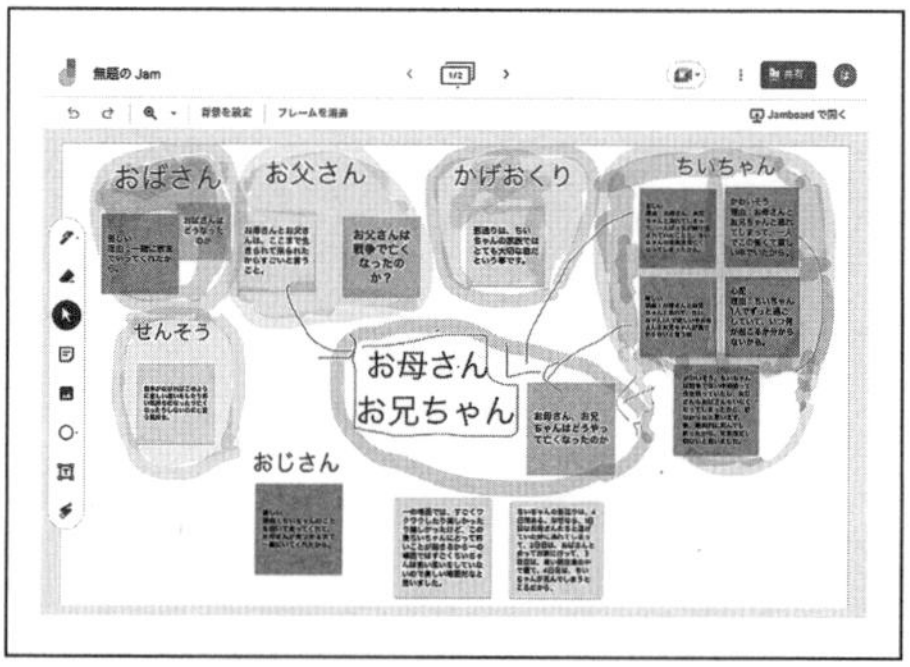

学習を通して読み取ったことを整理

- 蓄積されたいくつかの情報について、それらを**関連づける**思考を促す。さらに、観点を定めて**分類する**思考、優先順位などで**順序づける**思考を促す。
- 自分が整理した情報の適切さについて「本当にこれでよいのか」という**不安**を生む。
  ↓繰り返し修正したくなる
  ↓他者が整理したものを見たくなる

3 情報を共有する

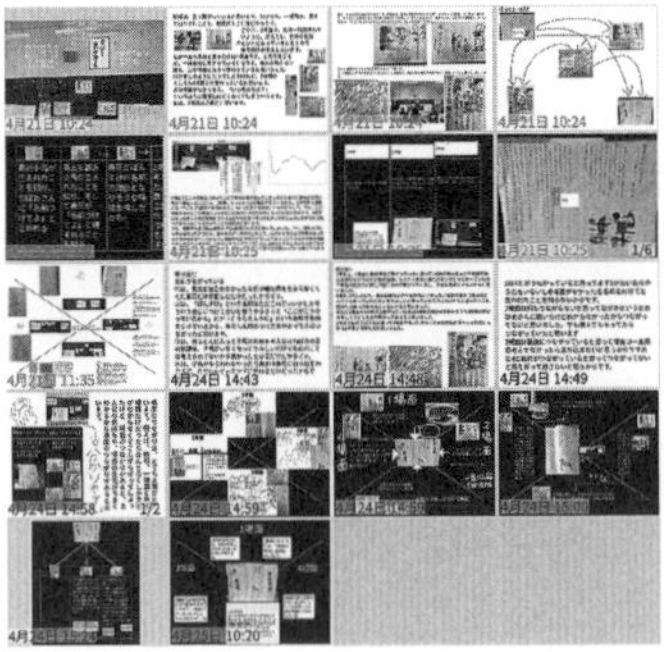

アウトプットした考えの一斉共有

・端末上で他者がまとめた情報を閲覧することで、自他の考えを**比較する**思考を促す。また、課題解決のために自他の考えを**関連づける**思考を促す。

・自分がまとめた情報の適切さについて、**迷い**を生む。

↓繰り返し修正したくなる

↓課題について、より深く考えたくなる

4　情報を参照する

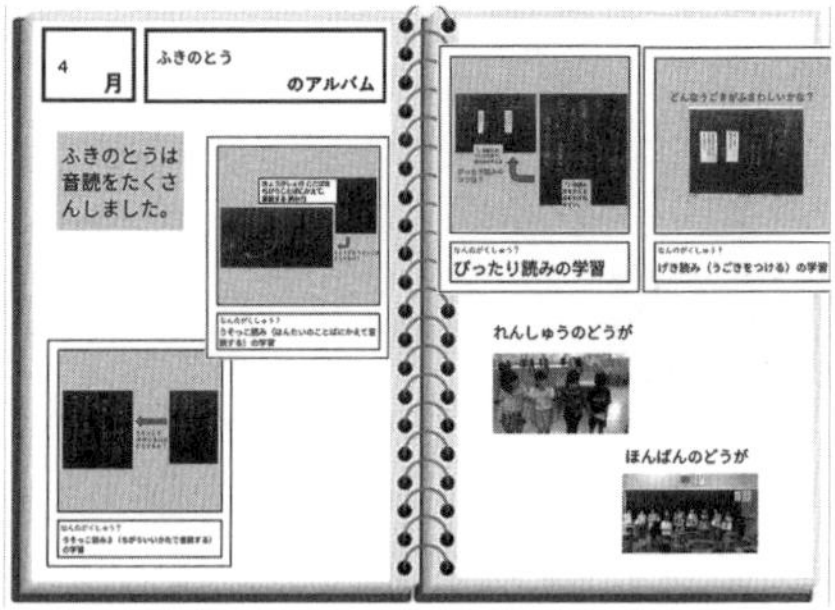

クラウドに蓄積した学習の記録

・教材（題材）と、蓄積した情報とを**関連づける**思考を促す。
・教材（題材）と、ウェブで調べた情報とを**関連づける**思考を促す。
・課題解決に必要な情報を見いだすにあたって、**迷い**を生む。
　↓他者の考えを聞いてみたくなる
・これまでの学習経験を価値あるものとして捉え直すことで、**自信**を生む。
　↓自分の考えを表現したくなる

2 タイミングを「創り出す」技術

『創り出す』

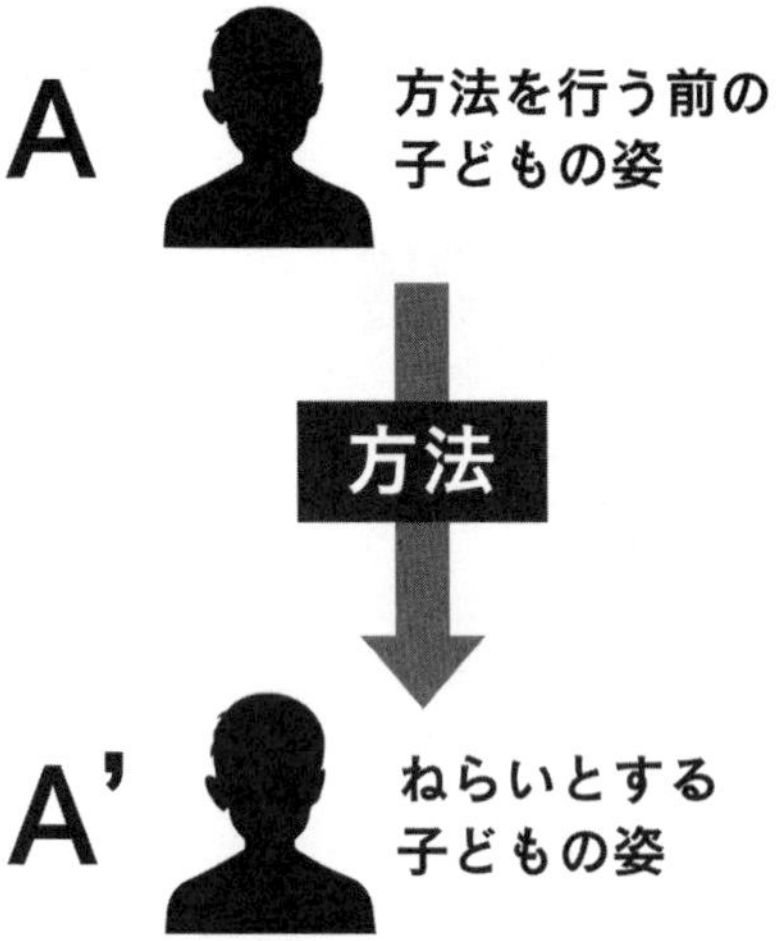

方法を「捉える」技術を駆使した時点では、上掲のような授業の構想ができていると思います。つまり、子どもがねらいに迫るために、教師が与える方法を選ぶことができているということです。

しかしながら、Aの子どもの立場になってみると、この授業の構想は不十分と言わざるを得ません。Aの子どもは、ある意味で安定しています。つまり、教材について、または課題について何らかの考えをもつことができている状態です。したがって、新たな方法を与えられたとしても、率直に「なんで?」という思いを抱くことになります。

そこで、与える方法が子どもにとって必要なものとなるように、教師が働きかける必要があります。具体的には、次の二つの視点で働きかけを構想します。

①Aの子どもに「もっと深く考えたい」が芽生えること。
②Aの子どもが何について考えるかを明確にもつこと。

そうすることで、子どもは、安定した状態からある意味不安定な状態へ移行していきます。この不安定な状態こそが、与える方法を必要とする子どもの姿なのです。

このように二つの視点で働きかけを構想することが、タイミングを「創り出す」技術です。ここからは、**「可視化する」「指差しする」「言い切る」「問い返す」**という働きかけの具体について解説していきます。

見えづらいものを意識させる―可視化する

授業の中には、子どもにとって見えづらいものがたくさんあります。それを**可視化し意識させる**のです。新たなものを目にさせることで、安定した子どもを揺さぶることができます。また、それが可視化されていることで、追究する対象を明確にすることができます。

この見えづらいものの多くは、教材の中にあります。物語文であれば、「場面」は、「場面が変わった」などとどこにも書いていないわけですから、見えづらいものの一つと言っていいでしょう。他に登場人物の行動なども、意識していなければ出来事の中に埋没して見えづらくなっています。こういったものは、**教師が抽出し、板書したり提示したりする**ことで意識させることができます。

また、見えづらいものは、授業をする教室の中にもあります。他者の思いや考えが、その典型です。そのとき誰がどう考えているか、どのくらいの人数がそう考えているかは誰も分かりません。ここでは、**教師が「〇〇と考えている人は手を挙げましょう」などと指示する**ことで、意識させることができます。

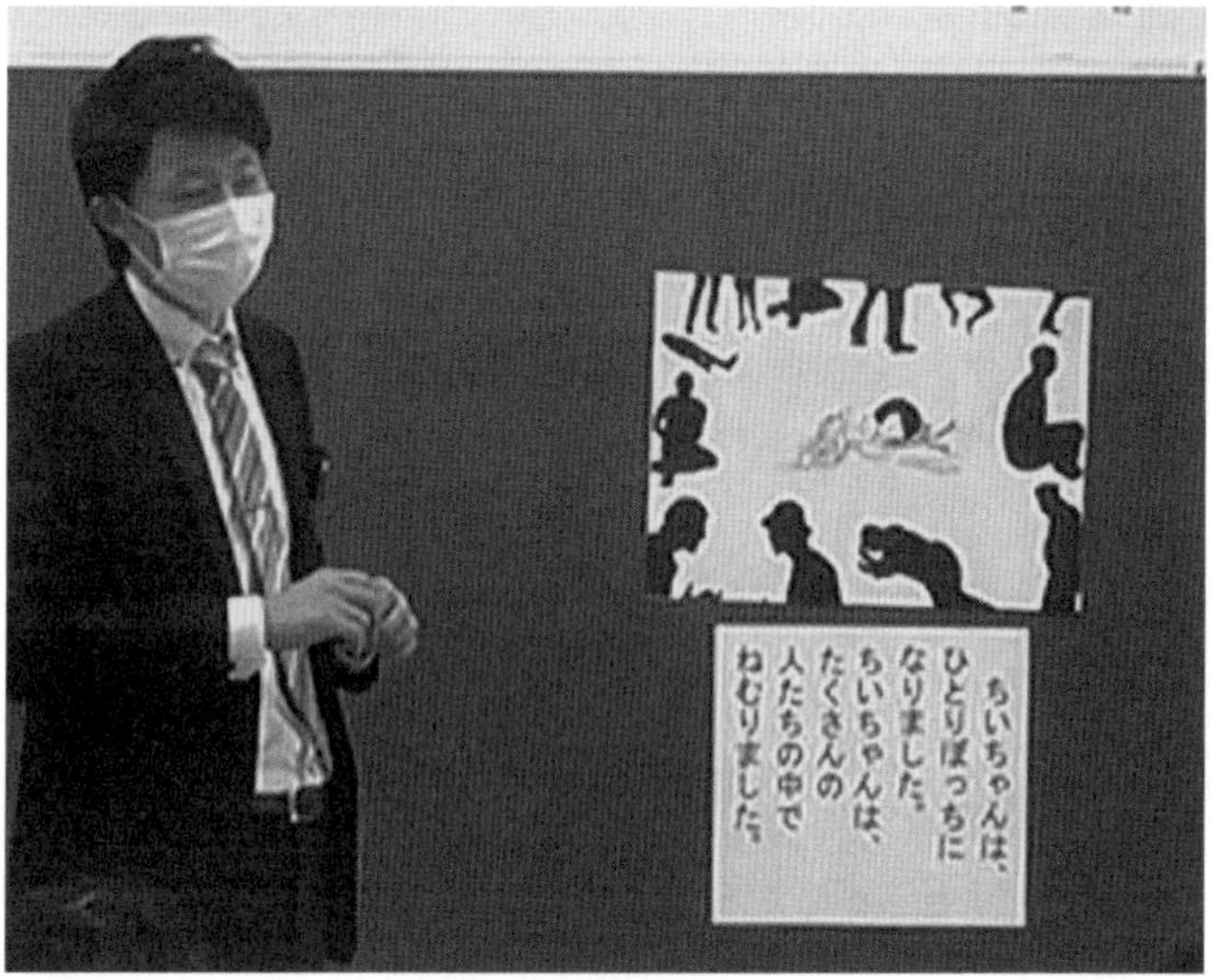

着目する場面の可視化
教材「ちいちゃんのかげおくり」（光村３年）より

挙手による他者の考えの可視化
教材「モチモチの木」（東書３年，教出３年，光村３年）より

意味の共有を図る――指差しする

子どもの学びを見つめていると、「ここはおさえておきたい」というような点に触れていることがあります。それは、発話や記述から見とることができます。しかしながら、教師から見て「ここはおさえておきたい」発話でも、周囲の子どもに価値が伝わることなく通り過ぎてしまう、そんなことはたびたび起こります。この**「ここはおさえておきたい」点を教師が指差しておさえておく**のです。教師が何かを指差すことで、安定した子どもを揺さぶることができます。また指差すことは何かを明示することですから、追究する対象も明確になります。

具体的には、**「今、どこのことを話していたか分かった？」「○○さんの気持ち分かった？」**などと、子どもの言葉で語られた「ここはおさえておきたい」点を指差して、意味の共有を図ります。このように教師が指差すことで、「ここはおさえておきたい」点に子どもをがっちりとホールドするのです。すると、子どもの「理解しよう」というギアが一段階上がり、「ここはおさえておきたい」点をきちんと理解することができるというわけです。

板書した子どもの発言を指差して，意味の共有を図る
教材「かんがえるのって おもしろい」（光村５年）より

教師が指差した「大すきなじさまのしんじまうほうが，もっとこわかった」の意味について，説明する子ども
教材「モチモチの木」（東書３年，教出３年，光村３年）より

視点を絞る――言い切る

子どもはそれぞれの考え方をもっています。したがって、同じ課題を追究していても、考えていることは多様です。この前提に立つと、集団に対してある方法を有効に機能させることの難しさが分かります。

そこで必要になるのが、**多様に考えている子どもたちの、視点を絞る**ことです。視点を絞ることは考える範囲を狭めるということですから、安定した子どもを揺さぶることができます。また、何について考えるかが明確になるため、追究する対象も明確になります。

そのために、「言い切る」という働きかけを行います。具体的には、**教師も子どもと同じ学習者の立場となって、「○○っていうことだね」などと、極端な意見を言い切って述べる**のです。すると子どもは、「いや、それだけじゃない」「そういうわけではない」などと、教師の言い切ったことに反論することに視点が絞られます。そして反論するための材料を集め始めます。このときの子どもたちは、ある一点を同じように見つめている状況になるのです。

ごんと兵十の関係性に視点を絞るために，子どもの解釈の一つとして挙がっていた「ごんは兵十と友達になりたいのでは？」について，「じゃあ、友達になればいいのにね」と極端に言い切った。この後，多くの子どもが「それはできない。だって…」と語り，ごんと兵十の関係について学びを方向づけることになる。

教材「ごんぎつね」（東書４年，教出４年，光村４年）より

無自覚な事柄を自覚させる—問い返す

ある対象を追究している子どもは、何が明らかになったかということを強く意識しています。つまり「結果」を強く意識しているということです。したがって、子どもは自分がどう考えているかという「過程」の部分については、多くの場合無自覚です。例えば、物語教材で中心人物の行動の理由を追究している子どもは、自分がどの場面とどの場面とを関連づけて考えているかということには、たいてい無自覚です。

そこで、「結果」を強く意識して発話したり記述したりしている子どもに、**「過程」を問い返して、どう考えているかの自覚を促す**のです。具体的には、5W1Hと言われる**「いつ」「どこ」「だれ」「なに」「なぜ」「どのように」**を中心に、課題や教材に応じて自覚を促すべき事柄を判断して問い返しをします。無自覚な部分を自覚化することで、安定した子どもを揺さぶることができます。また、問い返すにあたっては、「過程」のどの部分かを示すわけですから、追究する対象を明確にすることができます。

登場人物とのさまが「いじわるだ」という子どもの発言を受けて，「何（誰）にとっていじわる？」と問い返す。これにより子どもは，「いじわる」だという結果に至る過程で，スーホに寄り添って読んでいたことを自覚する。

教材「スーホの白い馬」（光村２年）より

働きかけの選択

もちろん「可視化する」「指差しする」「言い切る」「問い返す」の全てを行う必要はありません。Aの子どもの姿、行う方法に応じていくつか働きかけを選んで構成します。

また、行う働きかけは、授業中の子どもの様子によって変更することもあり得るということを頭に置いておきます。これは、後述する「見とり」の技術とも関わりますので、そちらをお読みいただきたいと思います。

タイミングを創り出す技術のPoint!

○子どもに「もっと考えたい」が芽生えるように、子どもが考える対象を明確にできるように、という視点で働きかけを構想する。
○タイミングを「創り出す」ために行う働きかけは、「可視化する」「指差しする」「言い切る」「問い返す」の四つがある。
※働きかけは、授業の前の段階で構想する（計画的）が、授業中の子どもの様子によっては変更する（即時的）こともあり得る。

3　子どもの学びを「待つ」技術

『待つ』

「子どもは、常に自ら学ぼうとする存在である」

私は、そのように思っています。だからこそ、教師のタイミングで方法を行うのではなく、子どものタイミングを見極めて方法を行うことが大切であると考えています。

そのために重要な技術が、この子どもの学びを「待つ」技術です。

矢継ぎ早に用意した働きかけを子どもに浴びせるのではありません。

想定した発言が出たら、「待ってました」と言わんばかりに次に進むのではありません。

学級の子どもたちが、自ら学ぶ空白を創るのです。

しかし、ただ闇雲に待っていても、子どもが学びを進めていくことができるとは限りません。**いつ「待つ」のか、何をして「待つ」のか、**それらを知り実践できることが「待つ」技術です。さらに、**教師が「待てる」学級集団に育てる**ことも大切です。

いつ「待つ」のか

いつ「待つ」のか、それは**教師が何らかの働きかけを行った後**です。この働きかけについては、先のタイミングを「創り出す」技術で述べた働きかけを指します。

教師が何らかの働きかけを行うと、学級の何名かの子どもから、何らかの反応が返ってくるでしょう。発話は返ってこなかったとしても、教材を確かめたり考えたりする子どもの姿は表れると思います。本書をお読みの先生方は、ここで十分に待つことができていますか？　よくある「待てない」言動の例を示してみたいと思います。

△**働きかけを何度も言い換えて子どもに伝えてしまう。**

…子どもから発話がなかなか返ってこないときにやってしまいがちな言動です。沈黙は、必ずしも働きかけが有効でなかったことを示すわけではありません。子どもがじっと思考している場合もあるのです。

△**「考えがある人は、手を挙げましょう」と言って、全体対話へ進めてしまう。**

…学習規律を重要視するあまり、やってしまいがちな言動です。もちろん、間違った言動というわけではありません。ただ、子どもの意欲を「発表する」「発表を聞く」にもっていく前に、働きかけが子どもに浸透するのを待つべきではないでしょうか。

△想定した反応が聞こえたら、すぐに次の働きかけに進めてしまう。

…これは、子どもの反応を丁寧に想定すればするほど、陥りやすい言動です。いつの間にか、想定した反応以外が聞きとりづらい耳になってしまっているのです。様々な反応を聞きとることで、働きかけを調整することもできます。そのためにも、待つのです。

ここまで挙げた例は、誰でも一つは記憶にあるのではないでしょうか。私たち教師は、意外と待つことが苦手なのです。「○○を教えなくちゃ」「予定した通りに進めなくちゃ」と、想定外の子どもの反応が出ることを恐れて、ついつい効率的に授業を進めることを優先してしまいます。そんな「待てない」自分を受け入れて、**何か働きかけた後は、じっと待つことを心がける**ことが大切です。

何をして「待つ」のか

「待つ」ことが大切といっても、教師はただぼーっとしていればよいわけではありません。待っているときに何をするのかということを、ここでは四つ述べたいと思います。

①教師の姿を消す

働きかけた後は、子どもの視界から消えることが望ましいと考えています。何か言いそうな雰囲気で黒板の前に教師が立っていると、子どもは学びに集中できません。働きかけたことでせっかく子どもが動き出したのに、これはもったいないことです。教師は、教室の横、教室の後ろに移動するとよいでしょう。場合によっては、しゃがんでしまってもよいかもしれません。

②子どもの姿を見とる

働きかけられた子どもは、実に様々な姿を見せます。発話する子どももいるでしょうし、教材を確かめる子どももいるでしょう。教師は一人一人の姿を見て、解釈をします。それが見とるということです。この「見とる」ことは、タイミングを見極める四つの技術の一つとなっていますので、後ほど具体的に説明したいと思います。

③働きかけを調整する

正確には、「構想していた働きかけを変更する、変更するのであればどのように働きかけるかを考える」ということです。待つことで、子どもは様々に反応をします。教師はそれを見とって、その後の働きかけを考えるのです。このとき、タイミングを「創り出す」技術で述べた二つの視点**（①「もっと深く考えたい」が芽生えるように働きかける ②考える対象とする事柄を明確にできるように働きかける）**に基づいて考えることが大切です。

④発話の切れ間を見つける

教師が①〜③のようにして待っていると、子どもたちは思い思いに学びを進めるでしょう。にぎやかな学級であれば、自分の考えをつぶやく子ども、もしかしたらひとりでに話し合いを始める子どもたちもいるかもしれません。そんなとき、ついやってしまうのが「静かにしましょう」「先生のほうを向きましょう」という、注意にも似た指示です。「絶対にしてはいけない」というわけではありませんが、できれば避けたいところです。

どんなに盛り上がっていても、子どもたちには発話の途切れる瞬間があります。待ちながら、じっとその切れ間を見つけるのです。そこですかさず「ねえねえ」と声をかけると、子どもたちはさっと教師の声に耳を傾けます。

教師が「待てる」学級集団を育てる

ここまで、「いつ待つのか」「何をして待つのか」という二つの視点で「待つ」技術について述べてきました。もしかしたら先生方の中には、こんな思いをおもちの方もいらっしゃるのではないでしょうか。

「うちのクラスは、待っていても、しーんとして何も起きないかも」
「うちのクラスは、待っていると、遊び始めて収拾がつかなくなるかも」

学級の実態によっては、このような心配が現実になってしまうことも考えられます。そこで、教師が「待つ」ための下地として、「待てる」集団を育てていくための技術を述べたいと思います。

①教材への意識を高める

子どもの授業への参加度が落ちる原因は、「何をすればよいのか分からなくなる」ことです。「何をすればよいのか分からなくなった」とき、そんなときは「教材を見る」ことが大切です。課題やめあてが板書してあり、教材のどの部分が話題になっているかが分かれば、「何をすればよいのか分かる」はずです。

したがって、日々の授業では徹底して、教材を見ることを指導します。具体的には、教材のどの部分を見ているのか指を差して話させたり、教材に線を引きながら友達の話を聞かせたりします。そうすることで、子どもの教材への意識が高まっていきます。

②一人一人の学び方を認める

一斉授業の形式で進めている間も、実は子どもたちの学び方は多様です。挙手をする子ども、一生懸命メモする子ども、隣同士で話し合う子どもなど、様々な姿を見ることができます。

このようなその子なりの学び方を、教師がきちんと認めることが大切です。具体的には、「あなたは今メモしながら聞いているんだね」などと、していることを言語化してフィードバックするのです。そうすることで、「自分のしたいことをしていいんだ」「自分が思わずしていたことは、よいことなんだ」と、子どもは自信をもつことができます。

③聞くことの価値を共有する

「自分の思いを誰かに伝えたい」という意欲をもてることは、よりよく学ぶために大切です。思いを誰かに伝えるためには、言語化することになるからです。すると、自分の考えを整理する必然性が生まれ、よりはっきりと「考え」として自覚することができます。

このような「自分の思いを誰かに伝えたい」という意欲は、聞き手によって支えられています。聞いてくれる誰かがいるから、話したくなるのです。

そこで、日々の授業で教師は努めて聞くことを指導します。これは、姿勢よくすること、手を止めて聞くことなどの見た目の指導ではありません。他者の発言を再現することを促すのです。具体的には、誰かが発言した後、教師が「気持ち分かってあげられたかな」と全体に問いかけます。そして、何人かを指名して、発言した子どもの話を再現させます。もちろん、再現できているかどうかは、発言した子どもに確認をします。このようにして、他者の話を再現する機会を授業に多く取り入れていきます。そうすることで、本当の意味での聞くということを、さらに聞くことの価値を教室で共有することができます。

このようにして学級集団を育てていくことで、「しーんとして何も起きない」「遊び始めて収拾がつかなくなる」ことは、極めて少なくなると思います。つまり、教師が「待てる」集団とは、**一人一人が自分なりに学びを進めていくことのできる集団**と言えます。①～③の手立てによって、そのような集団に育てていくのです。

「待つ」ことも、技術である

最後に、これはマインドに近いものではあるのですが、「待つ」ことも技術であるということを強調したいと思います。つまり、なんとなく待つことが大切と心に留めていても、待つことは難しいということです。いつ「待つ」のか、何をして「待つ」のか、そして教師が「待てる」学級集団に育てることを「待つ」技術として具体化しているからこそ、待てるのです。そして、教師が「待つ」ことで、子どもが自ら学びを進めていく……すると用意した方法の適切なタイミングを見極めることができるというわけです。

子どもの学びを待つ技術の

Point!

○教師が何らかの働きかけを行った後に、待つ。
○教師の姿を消す、子どもの姿を見とる、働きかけを調整する、発話の切れ間を見つけるという、四つのことをして待つ。
○教材への意識を高める、一人一人の学び方を認める、聞くことの価値を共有するという三つの手立てで、教師が「待てる」学級集団に育てる。

4 子どもの学びを「見とる」技術

『見とる』

タイミングを見極める四つの技術の中核にあるのが、子どもの学びを「見とる」技術です。タイミングを「創り出す」技術も、子どもの思考を「待つ」技術も、子どもの学びを「見とる」ことに影響を受けながら、駆使されることになります。

少し具体的に考えてみましょう。「創り出す」技術によって構想した働きかけがあります。実際の授業では働きかけた後、子どもが学びを進めるのを待ちます（「待つ」技術）。ここでは、タイミングを「創り出す」技術によって二つの視点（①**「もっと深く考えたい」が芽生えるように働きかける** ②**考える対象とする事柄を明確にできるように働きかける**）で構成した働きかけが、どのように作用しているかを見とっていきます。

このような「見とる」技術として重要なことは、**何を「見とる」か**、それを**どこから「見とる」か**です。ここからは、この2点を中心に解説していきます。

何を「見とる」か

①子どもの視線から得られる情報

子どもの視線から得られる情報は、二つあります。

一つ目は、授業に参加しているかどうかということです。授業では、子どもと教材の相互作用で学びが創られます。その教材を見つめているかどうかは、そのまま授業に参加しているかどうかといっても過言ではありません。

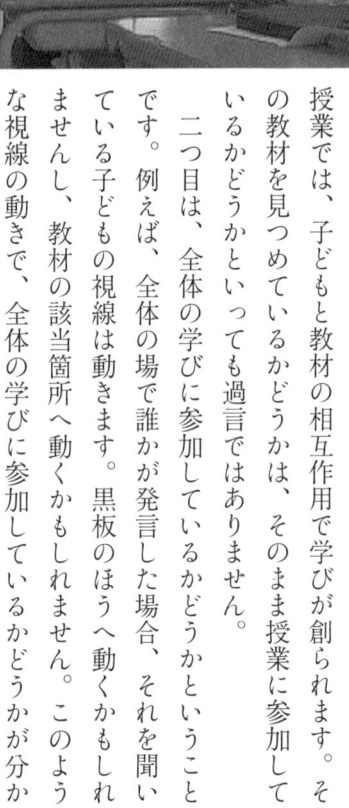

二つ目は、全体の学びに参加しているかどうかということです。例えば、全体の場で誰かが発言した場合、それを聞いている子どもの視線は動きます。黒板のほうへ動くかもしれませんし、教材の該当箇所へ動くかもしれません。このような視線の動きで、全体の学びに参加しているかどうかが分かります。

なお、教材を見つめていない、さらに視線も動かない子どもを、「学んでいない」と見とるわけではないということを、最後に付け加えておきます。

そのような子どもは視線だけでは判断できませんから、別の部分を見とる必要があります。

②子どもの体勢から得られる情報

ここで言う体勢とは、基本的には体の動きを指します。ここから得られる情報は、大きく二つあります。

一つ目は、その子どもが何をしているかということです。書いている、話している、タブレットを操作しているなど、体の動きから判断することができます。

二つ目は、教師や他の子どもの発話について、どう考えているのかということです。一番分かりやすい動きは、うなずきです。ある程度理解が得られたということが分かります。また、書いたり話したりという姿があれば、少なくとも何らかのことを受け取ったことが分かります。より明確に見とる場合は、③机の上、④発話の見とりを行います。

③子どもの机の上から得られる情報

子どもの机の上から得られる情報は、子どもが何を使って学ぼうとしているかということです。ここに教材が含まれているかどうかは、大変重要です。そもそも教材が机の上になかったり、あっても極めて見えづらい状態になっていたりすると、その子どもは授業への参加が難しい状況にあるということになります。すぐに教材を出すように指示します。

また、机の上にノートやタブレット端末がある場合、そこからは子どもが何を考えようとしているか、何に気付いているかといった情報を得ることができます。これは、子どもの思考そのものですので、教師がタイミングを見極める上で最も重要な情報であると言えます。

なお、書くという行為に抵抗感のある子どももいます。ノートやタブレットに書かれていることが全てと捉えずに、時には「これってどこから考えたのかな？」などと発話を促して見とることも大切です。

④子どもの発話から得られる情報

子どもの発話から得られる情報は、何を考えようとしているのか、何に気付いているかということです。この発話は、つぶやき、発表、話し合いなど、様々な形で聞こえてきます。いずれの発話も、子どもの思考そのものですので、教師がタイミングを見極める上で最も重要な情報であると言えます。したがって、常にアンテナを張って見とることになります。

なお、この発話は、視線、体勢、机の上と異なり、全ての子どもから見とることはできません。発話するのが難しい子どももいるということです。つまり、タイミングを見極めるために最も重要な情報であるのにもかかわらず、それは一部の子どもから得た情報になるということです。したがって、発話を見とることと同時に、発話していない子どもを見とることが重要になります。つまり、発話していない子どもがどう考えているかを、視線、体勢、机の上から解釈し見とるということです。

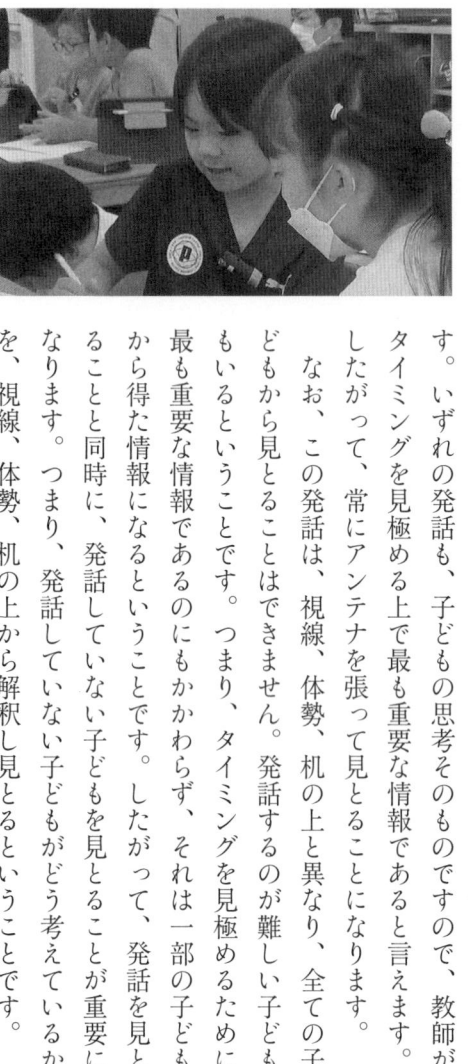

どこから「見とる」か

①教室前方

教室前方から見とる場合、子どもの視線、体勢、机の上、発話を見とりやすくなります。そのため、何をしているか、何をしようとしているかを把握しやすくなります。

一方で、この教室前方から見とった子どもの姿が本来の姿なのかどうかは、注意が必要です。教師が教室前方に位置しているということは、子どもの視界に教師が入っているということです。もしかしたら、教師の存在を気にして本来の学び方ができていない子どもがいるかもしれません。つまり、何らかの忖度《そんたく》が働きやすい状況ということです。

このように、物理的な子どもの姿は見えやすいのですが、本質的な子どもの姿が見えにくくなるというのが、教室前方からの見とりの特徴と言えます。

この教室前方からの見とりは、指導言を発したり、板書をしたりするために、教師が前方に位置しなければならない場面で行います。実際に私がどのような見とりをしているかを言語化してみたいと思います。

まず、子ども一人一人の視線や体勢も見とるように心がけています。視線から子ども一人一人の学びの参加度を、体勢から子ども一人一人が何をしているかを把握するようにしています。

さらに、常に耳を傾けているのが、子どもの発話です。ここでの発話は、基本的につぶやきや隣との相談になります。これを見とって、子どもの考えを把握するように努めています。もちろん、ある発話を聞き取ったら、他の子どもにも目を向けて、視線や体勢を見とります。そうすることで、発話していない子どもの考えも把握できるようにしています。

このようにして、タイミングを「創り出す」技術によって二つの視点（①**「もっと深く考えたい」が芽生えるように働きかける**　②**考える対象とする事柄を明確にできるように働きかける**）で構成した働きかけが、どのように作用しているかを見とっていきます。

②教室後方

教室後方から見とる場合、子どもの視線や机の上はほとんど見えません。ただし、発話や体勢を見とることはできます。そのため、何をしているかを把握することはできるはずです。上掲の写真であれば、発表者の話を聞いている、タブレット端末を操作している、友達と相談しているなどの姿を見とることができます。

また、教室後方からの見とりは、子どもの視界から教師が消えることになります。したがって、教師の存在を意識しない子どもの姿が表れやすくなります。一人一人の子どもが、本当に学びを進めることができているのかが、比較的見えやすくなると言っていいでしょう。物理的な子どもの姿は見えにくくなりますが、本質的な子どもの姿が見えやすくなるというのが教室後方からの見とりの特徴と言えます。

この教室後方からの見とりは、子どもが自ら学びを進めている場面で行います。個人的

には、指導言を発したり板書したりする以外の場面は、なるべく教室後方にいたいと思っています。実際に私がどのような見とりをしているかを言語化してみたいと思います。

まず、子ども一人一人の体勢も見とるように心がけています。体勢から子ども一人一人が何をしているかを把握するようにしています。

さらに、常に耳を傾けているのが、子どもの発話です。ここでの発話は、基本的につぶやきや隣との相談になります。これを見とって、子どもの考えを把握するように努めています。もちろん、ある発話を聞きとったら、他の子どもにも目を向けて、視線や体勢を見とります。そうすることで、発話していない子どもの考えも把握できるようにしています。

ここまで、教室前方とほとんど同じ見とりをしているように感じられているかもしれません。しかしながら、前述のように、教師の存在を意識しない子どもの姿が表れやすいということに、教室後方からの見とりの価値があります。

このようにして、タイミングを「創り出す」技術によって二つの視点（①**「もっと深く考えたい」が芽生えるように働きかける**　②**考える対象とする事柄を明確にできるように働きかける**）で構成した働きかけが、どのように作用しているかを見とっていきます。

③子どもの中

子どもの中から見とる場合、近くにいる子どもの視線、体勢、机の上、発話をはっきりと見とることができます。つまり、何をしようとしているか、何をしているかを、正確に把握することができます。
一方で、その分、他の子どもを見とることが難しくなります。ただし、この見えづらい子どもたち自身も、教師の存在を意識することがないため、自分なりの学びを進めやすくなります。
そこで、教師は、様々な地点へ移動しながら見とりを繰り返すことになります。これにより多くの子どもを見とろうとするわけですが、その分一箇所に留まる時間が短くなるという難しさもあります。個の学びの断片をクリアに見とることができるというのが、子どもの中からの見とりの特徴と言えます。

この子どもの中からの見とりは、子どもが自ら学びを進めている場面で行います。実際に私がどのような見とりをしているかを言語化してみたいと思います。

まず、どの子どもの近くに位置するかということを述べておきたいと思います。優先順位としては、①参加度が落ちているように見える子どもの近く、②個人で黙々と取り組んでいる子どもの近く、③話し合っている子どもの近く…のように考えています。これは、教室前方、または教室後方からの見とりで判断します。

そして、発話をしていればそれに耳を傾けますし、何かを書いていれば机の上を見つめます。このようにして、その子どもの考えを把握できるようにします。

また、これはなかなか難しいのですが、近くの子どもの発話に耳を傾けながら、遠くの子どもの視線や体勢を見とることもあります。つまり、近くの子どもの考えを把握することと、遠くの子どものしていることを把握することを同時に行うということです。これによって、次はどの子どもの近くに位置するか決めるわけです。

このようにして、タイミングを「創り出す」技術によって二つの視点（①**「もっと深く考えたい」が芽生えるように働きかける　②考える対象とする事柄を明確にできるように働きかける**）で構成した働きかけが、どのように作用しているかを見とっていきます。

なんとなくでは「見とる」ことはできない

「見とる」技術は、今まさに目の前にいる子どもたちと学びを創っていくために、最も重要な技術です。なんとなく「見とる」ことを意識していても。大切なことを見逃してしまいます。典型的な例として、声の大きな発話だけを見とって、特定の子どもと授業を進めてしまうような見とりがあります。そうならないように、何を見とるのか、どこから見とるのかを明確にして、一人一人の学びを見とる努力をすることが大切です。

子どもの学びを見とる技術のPoint!

○子どもの視線、体勢、机の上、発話を見とる。
○場面に応じて、教室前方、教室後方、子どもの中から見とる。
○タイミングを「創り出す」技術によって二つの視点（①「もっと深く考えたい」が芽生えるように働きかける ②考える対象とする事柄を明確にできるように働きかける）で構成した働きかけが、どのように作用しているかを見とる。

5 四つの技術を実際に駆使するために

これまで、方法を「捉える」技術、「創り出す」技術、「待つ」技術、「見とる」技術をそれぞれ取り上げて述べてきました。また、取り上げた順番も、それらの技術を駆使する順番と理解していただいて差し支えありません。

最後に大切なことは、四つの技術の関連を捉えるということです。特に、授業中に駆使する「創り出す」技術、「待つ」技術、「見とる」技術は、密接に関連しています。「まずはこの技術、次にこの技術…」と進んでいくとは限りません。場合によっては、重なりながら同時並行的に駆使していくこともあります。

そこで、ここまでそれぞれ取り上げて述べてきた四つの技術の関係図（詳細版）を、次ページに図化して示します。必要に応じてページを戻りながら、ご理解いただければと思います。

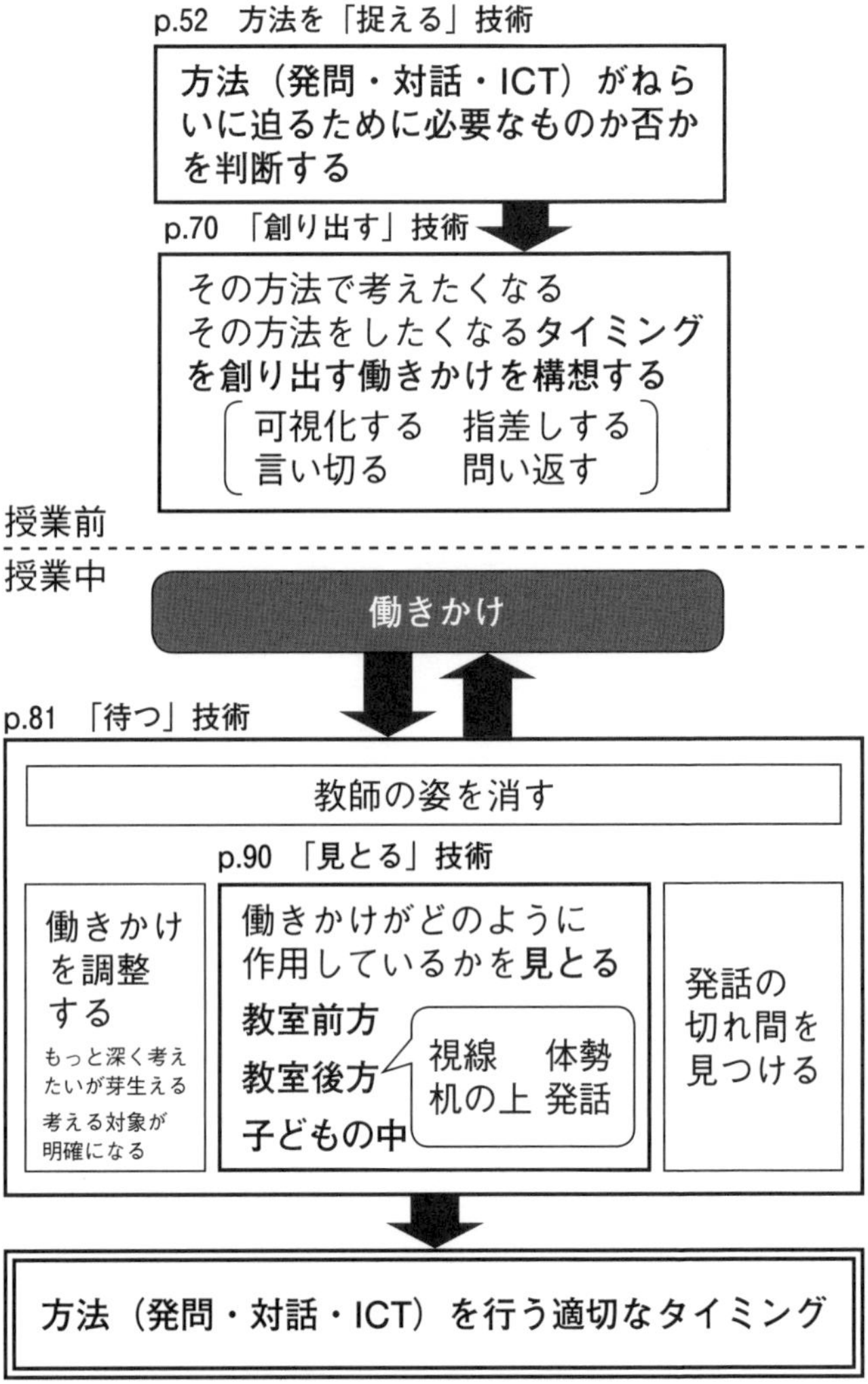
p.52　方法を「捉える」技術
方法（発問・対話・ICT）がねらいに迫るために必要なものか否かを判断する
p.70　「創り出す」技術
その方法で考えたくなる
その方法をしたくなるタイミングを創り出す働きかけを構想する
可視化する　指差しする
言い切る　問い返す
授業前
授業中
働きかけ
p.81　「待つ」技術
教師の姿を消す
p.90　「見とる」技術
働きかけを調整する
もっと深く考えたいが芽生える
考える対象が明確になる
働きかけがどのように作用しているかを見とる
教室前方
教室後方
子どもの中
視線　体勢
机の上　発話
発話の切れ間を見つける
方法（発問・対話・ICT）を行う適切なタイミング

四つの技術の関係図（詳細版）

コラム2

四つの技術を身に付けるためのマインドセット

第2章では、タイミングを見極めるための四つの技術として、方法を**「捉える」技術**、タイミングを**「創り出す」技術**、子どもの学びを**「待つ」技術**、子どもの学びを**「見とる」技術**を提案しました。第2章をお読みいただき、授業の構想段階で、さらに実際の授業の中で、四つの技術を実践していただきたいと思っています。

加えて、四つの技術を身に付けるためには、それらを知るということだけでなく、三つのマインドセットが重要です。

①授業を構想するにあたっては、用いる方法（手立て）だけでなく、それをいつやるか（タイミング）を綿密に計画すること。

これは第1章でも述べましたが、私たちは新しい方法を知ると、それだけに目が行きがちです。このことを意識して、**タイミングを創り出す**働きかけを構想するのです。

②実際の授業の中では、授業の進行ではなく、学んでいる子どもの姿を見つめること。

きちんと授業を構想すると、どうしてもその通りに「流す」ことを意識してしまいがちです。「次はこれをして、子どもの〇〇という反応があったら、これをして…」と進行を考えることよりも、じっと**待ちながら**、目の前で学んでいる子どもたちを**見とる**のです。

③他者の授業を参観するにあたっては、まず子どもの反応を見ること。そして、教師の所作を四つの技術に当てはめて分析してみること。

他者の授業を参観することは、タイミングについて考える大チャンスです。できれば教室前方から、子どもの反応をじっくりと参観します。そして、その反応を基に、授業者の指導を**四つの技術**に当てはめて分析してみましょう。

第3章

方法と事例で見る授業の適切な「タイミング」

第1章ではタイミングの価値、第2章ではタイミングを見極める技術について解説してきました。ここでは、本書で言うタイミングをより具体的にイメージしていただくために、国語科の「読むこと」領域の教材に絞って、発問、対話、ＩＣＴに関わる方法の適切なタイミングをご紹介します。ここで挙げる事例は、同じように行っていただければ、どの教室でも、方法を有効に機能させることができると考えています。

また、ここで挙げる事例をお読みいただき、他の学年、他の教材にも転用していただくことが私の願いです。

- **この方法は、◇年生だったら、タイミングがこう変わりそうだな**
- **この方法は、○○の教材だったら、タイミングがこう変わりそうだな**

などと、考えながらお読みいただければ幸いです。

事例編の見方

〈T→Cのように、対応させながらお読みください〉

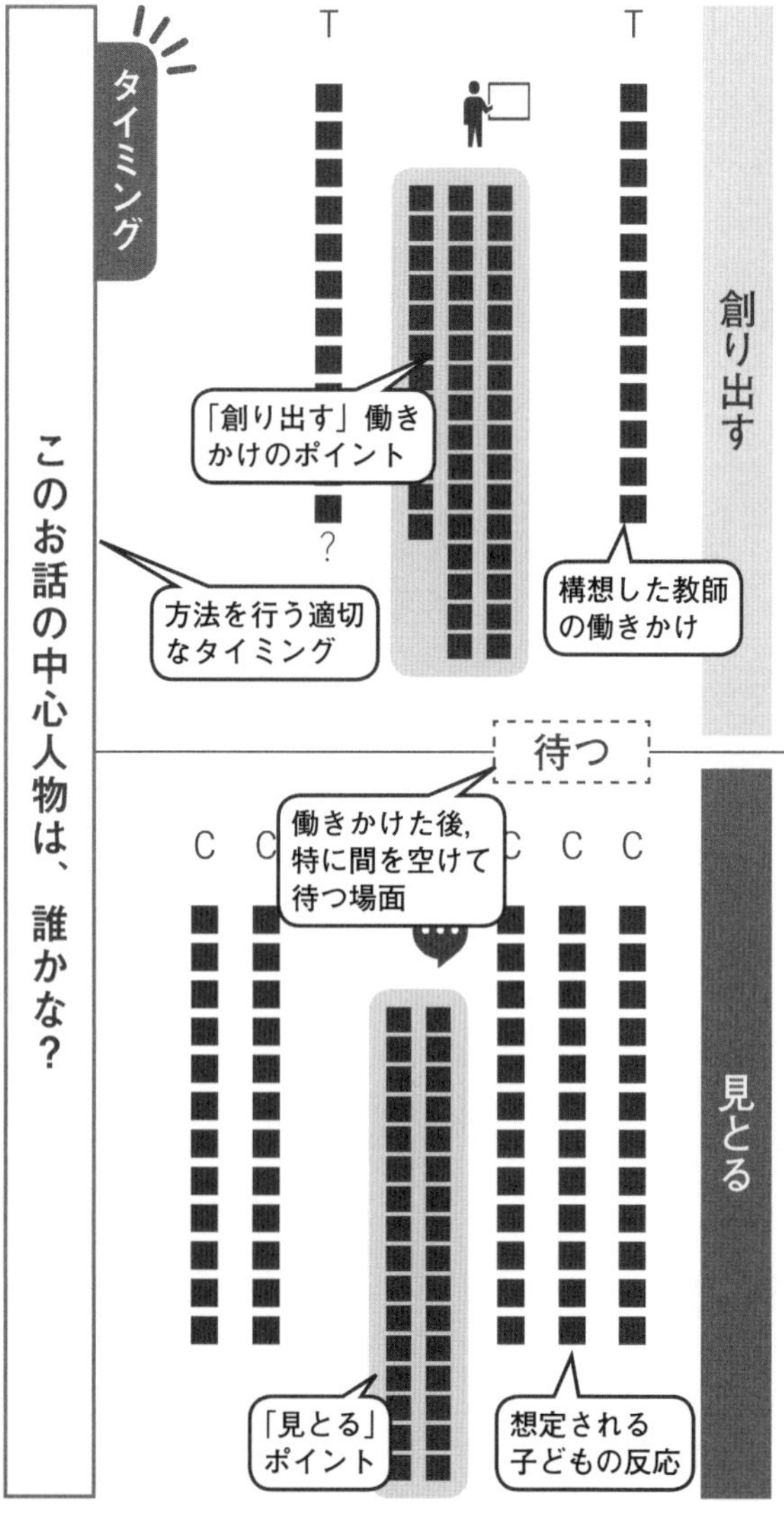

1

4年　一つの花（東京書籍・光村図書）

選択型の発問

「このお話の中心人物は誰かな」

「創り出す」働きかけ
可視化する ◀ 指差しする ◀ 可視化する ◀ 言い切る ◀ タイミング

「一つの花」は、戦時下の家族を描いた物語です。登場人物は、ゆみ子、父、母ですが、多くの子どもはゆみ子を中心人物として捉えると考えられます。このことは、ゆみ子の登場場面が多いこと、子どもにとって父や母に感情移入することが難しいということに起因します。一方で、ゆみ子の心の内は全く語られていないため、気持ちの変化を読み取ることは困難です。このようなことから、中心人物を問うことにより、中心人物の定義を再確認することを促します。また、文章全体の内容を確かめる学びを生むこともできます。

子どもは、前時までに物語を一読して初発の感想を書いています。多くの子どもが、ゆみ子の様子に着目したり、戦時下という時代背景に着目したりしています。

創り出す

T　物語には、必ず中心人物という人物がいますね。

可視化する　既習の「中心人物」という言葉を板書により可視化して、それぞれの知識を引き出す。

T　今、聞き取れた人はいますか？

指差しする　「気持ちが変わる人物」のように、人物の気持ちに着目した発言を指差しして、全体で共有を図る。

待つ

見とる

C　たくさん出てくる人物。
C　「一つの花」だと、ゆみ子。
C　気持ちが変わる人物。

発話　子どもたちの理解する中心人物の定義を、大まかに把握する。

C　はい。気持ちが変わる人物。
C　分かる。白いぼうしの松井さん。
C　笑ったり、驚いたりしていたね。

発話・体勢　どのくらいの人数が聞きとれていたか、また、既習の物語を想起しているかを把握する。

T　そこで、昨日から学習を始めた「一つの花」ですよ。

可視化する　前時から学習している教材「一つの花」を板書により可視化して、意識づける。

T　登場人物は、ゆみ子だけ？

言い切る　「ゆみ子だけ」と言い切ることで、その他の登場人物に視点を向けさせる。

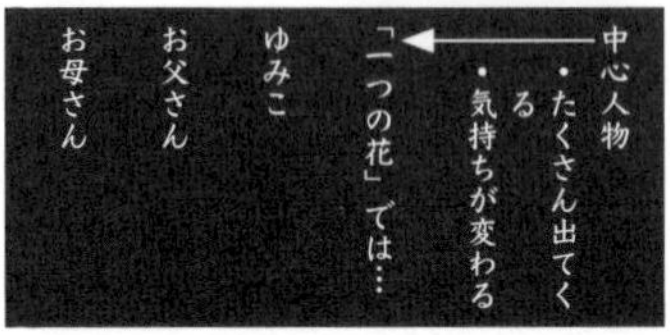

待つ

C　多分、ゆみ子だと思う。
C　ゆみ子が一番変わってる。
（文章を読み返す姿）

発話・体勢　「一つの花」の中心人物について考えている姿を確認する。

C　お父さん、お母さん。
C　お父さんも、変わっているかも。
C　でも、お父さんは、最後まで出てこない。
C　だから中心人物はゆみ子でしょ。
C　でもお父さんの気持ちも変わってると思う。

T　お父さんも中心人物かもしれないって考えている人もいるんだね。

発話・体勢・机の上　中心人物をゆみ子と決めつけるのではなく、「違うかもしれない」と迷い、確かめようとする姿を確認する。

タイミング

このお話の中心人物は、誰かな？

その後の学習―中心人物は誰なのか？

「一つの花」の中心人物を誰かに確定することは、困難です。この物語は、どの人物の心の内も、地の文に書かれていないからです。中心人物とは、大体の場合、地の文に心の内が書かれている人物（視点人物）を指します。

したがって、中心人物の確定が難しいということを、子どもたちが理解できるように進めることが大切です。具体的には、人物の気持ちが書かれているか、気持ちの変化が書かれているかということを、叙述に基づいて確かめていくのです。このような学習を通して、文章全体の内容や構成を把握することもできます。

2

5年　想像力のスイッチを入れよう（光村図書）

比較の発問

「改訂前の文章は、どこが違うかな」

「創り出す」働きかけ

可視化する
◀問い返す
◀可視化する
◀タイミング

「想像力のスイッチを入れよう」は、元ＴＢＳキャスターの下村健一氏が書いた説明的な文章です。この文章では、想像力を働かせるための『四つのスイッチ』を中心にメディアの受け止め方を論じています。この文章は、平成27年度版から現在まで、光村図書の教科書に掲載されています。しかし、平成27年度版と現在とでは、文章の構成が変わっています。具体的には、『四つのスイッチ』を述べる順番が変わっているのです。このような構成の違いを検討することを入り口に、筆者の意図を解釈する学びを生むことができます。

子どもは前時までに文章を一読しています。そして序論の文章から概要を捉えた後、本論の文章から『四つのスイッチ』とその意味を捉えています。

創り出す

T　想像力のスイッチを入れるために大切なことは、四つありましたね。

可視化する
右のように示唆することで、前時までに捉えた四つの視点を引き出し順番に板書する。

まだ分からないよね
事実かな、印象かな
他の見方もないかな
何がかくれているかな

T　この四つ、文章のどこから見つけられましたか。

※必要に応じてペアで確認するように促す。

見とる

C　「まだ分からないよね」
C　「事実かな、印象かな」
C　「他の見方もないかな」
C　「何がかくれているかな」

発話・視線・体の動き　前時までに捉えた四つの視点を想起できているかどうかを、発話、文章を確かめる視線、うなずきや表情から把握する。

待つ

C　8段落に「まだ分からないよね」があります。
C　9段落に「事実かな、印象かな」があります。

問い返す　子どもが発言した四つの視点について、「どこ」と根拠を問い返して、着目した部分を自覚化する。

T　ここまでで、「想像力のスイッチ」の入れ方がよく分かりましたね。この「想像力のスイッチ」ですが、実は昔から教科書に載っているのです。その昔の文章はね、ちょっと違うんですよ。

※平成27年度版の文章を配付する。

待つ

待つ

C　11段落に「他の見方もないかな」
C　12段落に「何がかくれているかな」

発話・視線・机の上　四つの視点を叙述に基づいて確かめることができている子どもを把握する。

C　四つのスイッチを使えばいいことが分かりました。
C　そうなの？
C　どういうところが違うの？
C　読んでみたい。

可視化する　平成27年度版の文章という、子どもが知り得ない事実を提示して追究する対象を明確にする。

発話・視線　平成27年度版の文章への興味関心の高まりを把握する。

タイミング

昔の文章は、どこが違うのかな？

その後の学習—違いを追究していくと…

平成27年度版の文章の大きな違いは、四つの視点の中の「まだ分からないよね」が、最初ではなく最後に位置しているということです。このような違いを捉えることで、「なぜ最後に述べていたのか」「どうして最初に述べる構成に変えたのか」という問いが子どもに生まれます。問いをさらに追究していくことで、四つの視点の関係を筆者がどう考えているかという、意図を解釈する学びを生むことができます。「まだ分からないよね」には、筆者の強い思いが込められているのです。

3

4年　ごんぎつね（東京書籍・教育出版・光村図書）
選択型の発問

「もし自分がお話の中でその兵十に出会ったら、どうしてあげたいですか」

「創り出す」働きかけ
可視化する◀指差しする◀タイミング

「ごんぎつね」は、ごんの視点で、ごんの心の内が語られながら展開していきます。子どもは当然、ごんに感情移入しながら読んでいくことになります。このような子どもたちに、「ごんは、なんでこうしたのだろう」と、ある意味批判的に読ませることが、国語の授業では重要です。これにより、一読しただけでは難しい、物語の深い理解が生まれることになるからです。そこで、「もし自分だったら」と仮定する発問をします。物語の出来事に子どもそれぞれの考え方をもち込ませ、ごんの行動に問いをもてるようにするのです。

子どもは、前時までに物語を一読して初発の感想を書いています。そして、登場人物、時代背景、場面などの設定を確かめています。

創り出す

T　これから示す場面をスタートにして、物語について考えを交流していきましょう。

T　挿絵のない場面なので、私が挿絵を描いてきました。

※場面絵を提示する。

T　何ページでしょうか？

可視化する　場面の様子を挿絵にして提示した後、文章を確かめさせることで、考える対象を明確にする。

待つ

見とる

C　はい。

C　どこの場面かな。

C　のっぺらぼう。

C　兵十が、麦を…

C　21ページ。

C　「兵十が、赤い井戸のところで麦をといでいました」

C　「兵十は、今までおっかあとふたりきりで…ひとりぼっちでした」

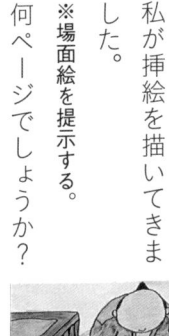

T　今、「かわいそう」って聞こえてきたけど、その気持ちが分かる人はいますか？

指差しする　「かわいそう」などの感想について、理解を促す。そして、第三者的立場で兵十の境遇を見つめさせる。

待つ

待つ

C　かなしい。

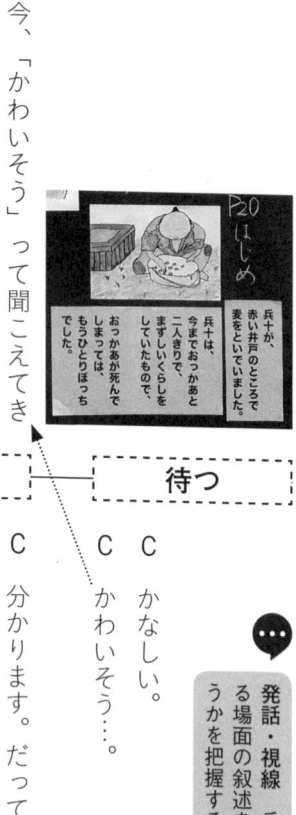

C　かわいそう…。

発話・視線　兵十が麦をといでいる場面の叙述を見つけているかどうかを把握する。

C　分かります。だって、たった一人のお母さんがいなくなってしまったから。

C　きっと悲しくて泣いちゃいそうだと思う。

発話・体勢　兵十の境遇や心の内を想像できているかどうかを把握する。

T　なるほど。みんなは兵十の気持ちを想像しているんだね。

タイミング

もし自分がお話の中でその兵十に出会ったら、どうしてあげたいですか？

その後の学習―ごんの行動を解釈する

この仮定の発問について、子どもからは「声をかけたい」「そっとしておきたい」「友達になってあげたい」などの考えが出てくると考えられます。これらは、兵十の境遇や気持ちを基にした、子どもなりの考え方です。大切なことは、このような考え方をごんの行動とぶつけてみることです。具体的には、「ごんも似たようなことを考えているかな」「ごんはみんなとどこが違うかな」といった比較の発問を行うのです。そうすることで、「物置のうしろから見ていた」「向こうへ行きかけますと」「いわしを投げこんで」などのごんの行動への着目が促され、その理由を解釈する学びが生まれます。

4

2年　お手紙（東京書籍・光村図書）
理由を問う発問

「かえるくんがお手紙の内容を言ったのはどうしてですか」

「創り出す」働きかけ
- 可視化する
- 言い切る
- 問い返す
- 指差しする
- **タイミング**

「お手紙」は、かえるくんとがまくんの応答を通して物語が展開していきます。お手紙を待つがまくんの言動からは、他者とのつながりを求めるがまくんの人柄を想像することができます。また、お手紙を出したかえるくんの言動からは、他者を思いやるかえるくんの人柄を想像することができます。一つ一つの言動の理由を想像することを促して、２年生なりに二人の登場人物の人柄に迫ることができるようにします。そのための重要なポイントの一つが、かえるくんががまくんに、お手紙の内容を告げたことです。

子どもは、前時までに物語を一読して初発の感想を書いています。そして、音読、登場人物の確認、場面分けを通して、内容の大体を捉えています。

創り出す

T　「お手紙」は、かえるくんからお手紙がほしいがまくんに、かえるくんからお手紙が届いたお話ですね。

可視化する　物語の冒頭と結末のみを板書して、概要を意識させる。

言い切る　物語の冒頭と結末のみで内容を言い切り、間の出来事に視点を絞る。

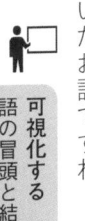

待つ

見とる

C　そうだね。

C　付け足しがあって、悲しい気持ちのがまくん。

C　かたつむりくん出てきたよ。

C　お手紙がなかなか届かなかった。

C　そう。ずっと待っててもなかなか届かなくて、やっと最後に届いたんだよ。

発話・視線　冒頭部と結末部の間の出来事に着目する発話、また教材文中の該当する文章を見つめる視線を把握する。

T　なかなか届かない間に、二人は何をしていたのかな。

問い返す　子どもが「なかなか届かなかった」と読み取った過程にある「何」（二人が何をしていたか）を意識させる。

T　え？　届く前に言っちゃったの？

指差しする　「かえるくんがお手紙のことを伝えた」ことについて、理解を促す。

待つ

C　玄関の前に座っていた。

C　その前に、がまくんはお昼寝していたよ。

C　そうそう。かえるくんはまだかなって、外を見ていた。

C　あと、かえるくんがお手紙のことをがまくんに言った。

発話・視線　手紙を待つ二人の言動を発話したり、該当する文章を見つめたりする姿を把握する。

C　ここで、お手紙出したって言って、読んでるよ。

C　そう。「親愛なる…」って。

T　そうなんだ。お手紙が届く前に、がまくんに教えたんだね。

C　届く前に教えてるね。

C　でもそうしないとがまくんが…。

タイミング

かえるくんがお手紙の内容を言ったのはどうしてですか？

その後の学習―理由を想像し交流する

この発問については、かえるくんがお手紙の内容を言ったことと、そのときの状況とを関連づけて解釈することが重要です。そのためには、まず教材文に線を引いて発問についての考えをメモするように促します。そうすることで、子どもは、叙述から離れずに解釈を創ることができます。

その後、考えを交流することを促します。交流を通して、手紙が来ないことで憔悴しきったがまくんの様子、繰り返し窓の外を見て焦るかえるくんの様子などに着目させて、解釈をより確かにできるように進めていきます。

5

5年　たずねびと（光村図書）
ペア対話

「ペアで文章を確かめながら話し合いましょう」

「創り出す」働きかけ
可視化する ◀ 指差しする ◀ タイミング

「たずねびと」は、中心人物の綾が「原爆供養塔納骨名簿」のポスターに、自分と同じ名前を見つけたことをきっかけに物語が展開していきます。広島の爆心地を訪問することで、綾の原爆や戦争への見方は、変化します。このような綾の変化を確かに捉えるためには、物語の出来事一つ一つを確かめることが重要になってきます。そこで、「何日間の物語か」という発問を通して、出来事を整理することを促します。ペアで対話しながら進めさせることで、言葉の見方が広がり学びが深まります。

子どもは、前時までに物語を一読して初発の感想を書いています。多くの子どもが、戦争に関わる描写に着目しています。

創り出す

T　この物語は、大体何日間くらいの物語でしょうか。

（子どものつぶやきを基に大まかな選択肢を板書する）

T　ちょっとアンケートをするね。

T　三日間くらいだと思う人？

T　一週間くらいだと思う人？

T　それ以上だと思う人？

待つ

C　（挙手）

C　（挙手）

C　（挙手）

見とる

C　三日間くらいかな。

C　一週間？

C　いや、もっとでしょ。

発話・体の動き　子どもが直感的にどう考えているかを、発話やうなずきから把握する。

T　なるほど、考えが分かれていそうだね。

可視化する　自分と同じまたは違う考えをもっている人数はどのくらいかを意識させる。

T　「文読みたい」っていう声、聞きとれましたか？

指差しをする　文章を確かめる学び方を全体に意識づける。

タイミング

ペアで文章を確かめながら話し合いましょう。

待つ

C　えー、そんなにたくさん日にち経っているかなあ。

C　ちょっと文読みたい。

発話・体勢　文章を確かめようとする発話や視線を見とる。

C　私は、もう確かめてるよ。

C　文を読めばもっとはっきり分かるかも。

その後の学習―ペア対話をどう支えていくか

このペア対話の前には、個人で考える時間をほとんど設けていません。したがって、対話しながら考えを創っていくことになります。

ペア対話を支えるために大切なことは、教材をともに見つめる状況をつくることです。具体的には、「文を指差しながら話しましょう」という指示を加えたり、文章を見ながら話しているペアを取り上げて紹介したりするのです。根拠を共有することで、子どもたちは互いの考えを理解しやすくなり、それにより新たな気付きも生まれやすくなります。

さらに、教師が早々に介入しないことも重要です。「話し合いましょう」と指示した手前、なかなか発話が聞こえないと不安になるかもしれません。しかし、そこはじっと我慢です。話したくなるタイミングは人それぞれだからです。難しい点に気付いたり、一通り考えたりしたところで、きっと対話が始まります。

なお、「何日間くらいの物語か」という問いについては、４～６日間というところまでは確定することができると思います。ただし、大切な学びは日数を追究する過程にあります。様々な言葉への着目こそ、価値ある学びとして評価します。

6

2年　どうぶつ園のじゅうい（光村図書）

グループ対話

「7、8段落がどのような種類に入るか、グループで考えましょう」

「創り出す」働きかけ
可視化する
タイミング

「どうぶつ園のじゅうい」は、獣医師の植田美弥氏が書いた説明的な文章です。全9段落の文章で、2~8段落に一つずつ、ある日の植田氏の仕事が書かれています。この仕事は、直接動物に関わる仕事、毎日必ず行う仕事など、様々に分類することが可能です。しかしながら、このような多様な分類を一人だけの視点で見いだすことには難しさがあります。したがって、個人の追究だけではなくグループの追究を取り入れる必要があると考えます。

子どもは、前時までに文章を一読しています。さらに、時を表す言葉に着目して獣医師の一日の流れを捉えたり、各段落の仕事内容を捉えたりしています。

T　「どうぶつ園のじゅうい」では、２～８段落に、一つずつお仕事が書かれていましたね。

T　これらのお仕事は、何種類に分けることができるかな。

創り出す

※段落カードを紙で配付するか、またはＩＣＴで配信して、操作しながら追究させる。

待つ

C　２段落は見回りだったね。

C　８段落のお風呂も、お仕事ってことにしたんだったね。

見とる

机の上　段落の仲間分けの進捗状況を把握する。

4、5、6段落を「ちりょう」という種類として分類する子ども▼

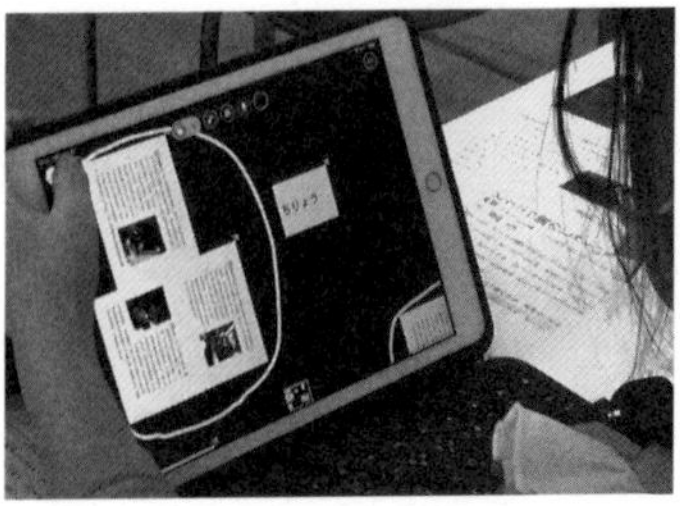

T だいぶ仲間分けが進んできたようですね。

T まだ仲間にできていない段落、または仲間分けが難しかった段落はどれですか？

T ２段落が難しい人？

※３～８段落も同様に聞いていく。

待つ

２、３段落を「見る」という種類として分類する子ども▼

発話・机の上どの段落に問題意識をもっているか把握する。

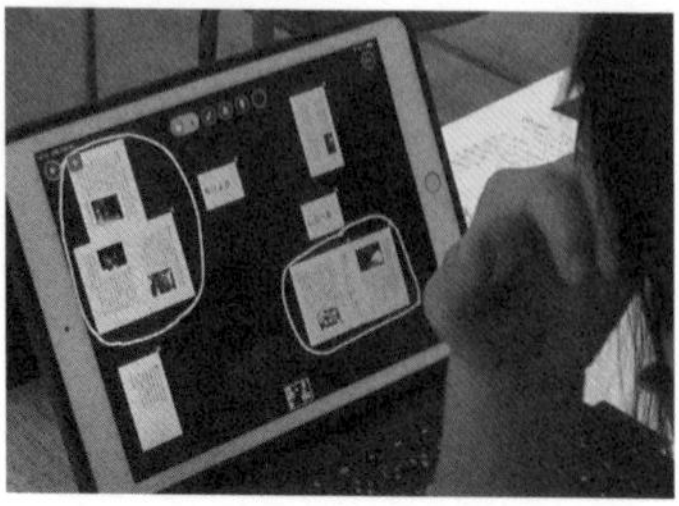

C ７と８が仲間にできない。日記とお風呂って何の種類？

C （それぞれ当てはまる段落に挙手をする）

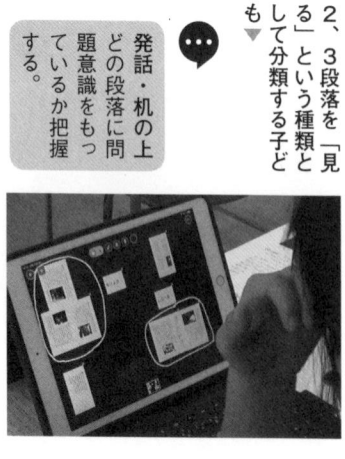

可視化する　問題意識をもっている人数が一番多い段落を意識させる。

発話　問題意識をもっている子どもの多い段落を把握する。

※ここでは7、8段落と想定している。

タイミング

7、8段落がどのような種類に入るか、グループで話し合いましょう。

その後の学習―グループ対話をどう支えていくか

グループ対話においては、教師は見とりに集中することになります。そして、各グループの課題解決の状況を把握するのです。ここでは、7、8段落がどのような種類に入るか、納得解が得られているかを発話や視線などから把握します。そして、半分に満たないくらいのグループが納得解を得られている様子であれば、グループ対話から全体共有へと学習を切り替えます。

なお、7、8段落は、2段落を加えて「毎日行う仕事」として分類が可能です。

7

3年　まいごのかぎ（光村図書）
全体対話

「不思議な出来事がいくつ起きたのか、みんなで考えを交流しましょう」

「創り出す」働きかけ
指差しする◀可視化する◀タイミング

「まいごのかぎ」は、小学生のりいこが、不思議な出来事に遭遇するファンタジー作品です。「鍵穴を見つける→鍵を挿す→モノが動き出す」といった出来事の繰り返しで構成されています。一読した子どもの多くは、「すごい」「不思議」といった感想を抱きます。それを生かして、「不思議な出来事はいくつ起きましたか」と発問することがあります。これにより、物語全体の構造と内容とを確かめるとともに、「不思議」の多様な捉え方を共有するのです。ここでは、ペア対話で創った考えを全体対話で整理しながら進めます。

子どもは、前時までに物語を一読して初発の感想を書いています。中心人物がりいこであること、鍵を挿すと様々なものが動き出すことなど設定を確かめています。

創り出す

T　この物語では、不思議な出来事がいくつ起きているかな。

ペア対話を指示するタイミングについては別の事例を参照

T　ペアで話し合いながら、確かめましょう。

待つ

見とる

C　いくつだろう。

C　四つくらいだと思う。

ペア対話の例①

C　一つ目が、桜の木からどんぐりが落ちてきたことだよね。

C　その前に鍵も不思議。光ってる。

C　じゃあ、桜が二つ目になる。

C　次がベンチだ。

T 文章の言葉を指差して話している人、文章に書き込みをしている人もいるね。

※対話を止めるのではなく、継続したまま働きかける

指差しする 叙述に着目するという学び方を取り上げて、全体に意識づける。

T 今のところ「不思議な出来事」はいくつくらいありそう？ 当てはまるところに手を挙げてください。

（3～12程度まで順に問うていく）

待つ

（以降も対話は続く）

ペア対話の例②

C 桜の木に鍵穴がついているところは不思議じゃない？

C 確かに。あと、鍵を挿したら木がぶるっと震えたところ。

（以降も対話は続く）

発話・机の上（文章への書き込み） 「不思議な出来事」を細かく捉えている子ども、大きく捉えている子どもを把握する。

C 五つくらいかなあ。

C いや、すごくいっぱいある。数え切れないくらい。

（当てはまる数に挙手をする）

C　えー。十はないでしょ。
C　いや、あるよ。

可視化する　挙手により考えの違いを意識させる。

タイミング

不思議な出来事がいくつ起きたのか、みんなで考えを交流しましょう。

その後の学習―考えの違いを整理する

先の子どもの発話で示した通り、「不思議な出来事」を細かく捉えるか、大きく捉えるかは子どもによって違います。このような違いを生かしながら、構造を詳細に共通理解できるように全体対話を進めます。具体的には、大まかに捉えている子どもの考えを共有した後、細かく捉えている子どもの発言の共有を図ります。そして、大まかな出来事の中に、細かい出来事を含めるように板書し整理していくのです。

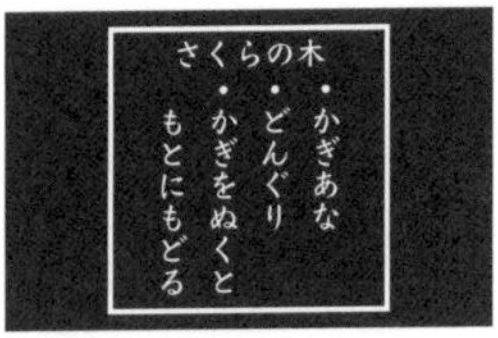
さくらの木
・かぎあな
・どんぐり
・かぎをぬくと
もとにもどる
板書例（一部）

また、子どもによっては、「最後の時刻表だけ元に戻っていない」などと、新たな気付きを表出することもあります。そういった気付きも含めて共有を図っていきます。

8

6年　帰り道（光村図書）
フリー対話

「共感した部分について、相手を決めて交流しましょう」

「創り出す」働きかけ
指差しする ◀ 可視化する ◀ 問い返す ◀ 指差しする ◀ タイミング

「帰り道」は、律と周也という二人の人物が登場する物語です。それぞれの視点で心理描写を中心に心のすれ違いが描かれており、子どもたちにとっては感情移入しながら読みやすい物語と言えます。それを生かして、「律と周也のどちらに共感したか」と発問することがあります。これにより、子どもがどちらに寄り添って読み進めていたかという、読みのスタンスが顕在化するからです。異なるスタンスの相手と交流することで、物語の捉え方が広がります。そこで、自分と異なる見方の相手を見つけて対話をするようにします。

子どもは、前時までに物語を一読して初発の感想を書いています。そして、音読、登場人物の確認、場面分けを通して、内容の大体を捉えています。

T　律と周也、あなたがより共感できたのは、どちらですか。

創り出す

※下図のように、教科書の文章を打ち直した一枚ものプリントを配付する。

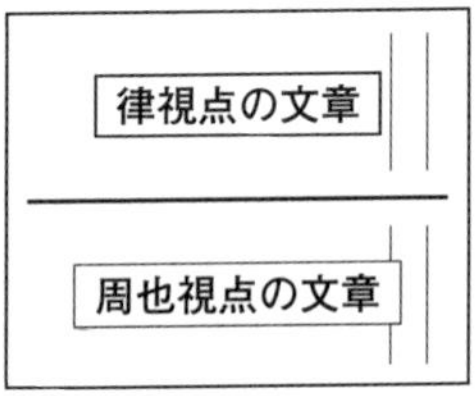

T　文章に書き込みをしている人がいるね。

指差しする　叙述に着目するという学び方を取り上げて、全体に意識づける。

待つ

見とる

C　ぼくは律かな。

C　私は周也かも。

（配付されたプリントを見て、共感できる点を見つける。そして、線を引いたり丸で囲んだりする）

発話・机の上（文章への書き込み）律、または周也のどのような気持ちに共感しているか把握する。

T　みんなに配ったプリントと同じプリントを拡大したものを黒板に貼りました。自分が一番共感したところにネームプレートを貼りましょう。

可視化する　文章中のどの部分に誰が共感しているかを意識させる。

T　どの部分を選んだ人に、話を聞いてみたいですか？

T　それはどうしてかな？

問い返す　話を聞いてみたい相手を決めた過程について自覚化し共有を図る。

待つ

C　（律視点）「先のとがったするどいものが～」

C　（周也視点）「～ちんもくが苦手だ」

発話・視線　他者の共感した部分について、どこに意外性を感じているかを把握する。

C　「先のとがったするどいものが～」の部分を選んだ人です。

C　自分は周也に共感しているので、どうしてそこを選んだか知りたいからです。

T　今の気持ち、分かりますか？

指差しする　対話する相手の選択基準を理解させる。

待つ

C　分かる。自分と違う考えを聞きたいから。

発話・体勢　対話する相手の選択基準を理解できたか、発話やうなずきから把握する。

タイミング

共感した部分について、相手を決めて交流しましょう。

その後の学習―マッチングを支援する

フリー対話は、自分で相手を決めることができるという点で、個別最適な学びにつながる方法と言えます。「自分にとって必要な情報を判断し、それを取りに行く」ということは、子どもに身に付けさせたい学び方です。一方で、どのような相手と対話したいかを決めていても、なかなか声がかけられない子どももいます。そこで教師は、そのような子どもの姿を見とり、必要とする相手と引き合わせます。

9

5年　言葉の意味が分かること（光村図書）
アウトプットする

「書き換えた文章に図や表を加えて、タブレットにまとめましょう」

「創り出す」働きかけ
指差しする
タイミング

「言葉の意味が分かること」は、「言葉の意味は面である」という表現を中心に、言語の習得について論じている説明的な文章です。本論は、「幼児に『コップ』の意味を教える事例」「幼児の言い間違いの事例」「母語ではない言語を学ぶときの事例」「韓国語と中国語の事例」といった、四つの事例で構成されています。ここでは、タブレットを使って、それらの事例の書き換えを行います。一つ目の事例であれば、①「コップ」を何に書き換えるか、②すると文章中のどの表現が変わるのかといった手順で進めます。

子どもは、前時までに文章を一読して感想を交流しています。そして、四つの事例を捉えた後、一つ目のコップの事例を他の事物に書き換える活動を行っています。

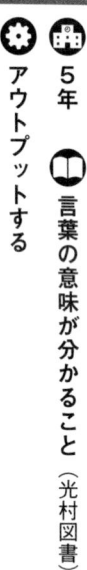

T　前回までの学習では、一つ目のコップの事例を、他のものに変えて書き換えてみましたね。

T　文章の中のどの言葉が変わりましたか？（子どもの発言を基に、全体で書き換える必要のあった部分を確かめる）

T　今日は、残りの三つの事例から一つを選んで、書き換えをしてみましょう。

C　ぼくは「車」に書き換えました。

C　私は、「かばん」に書き換えたよ。

C　とりあえず、「コップ」って書いてあるところは全部。

C　「コップ」とは書いてなくても、変えるところもあるよ。

C　どれにしようかな。

C　最後の中国語と韓国語の事例は、すごく難しそう。

C　英語と日本語も。調べないと。

C　「歯でくちびるふんじゃった」の事例が一番やりやすい。

T　事例を一つ決めたら、それを何に変えるか考えましょう。

創り出す

T　グーグル翻訳を使って、日本語をいろいろな言葉に変えているんだね。

T　「外国語　意味の違い」って入れて検索するとよさそうだよ。

指差しする　タブレット端末の有効な活用方法を全体で共有し、子どもの追究を支える。

待つ

見とる

C　難しい事例でやってみようかな。

C　変える言葉が思いつかないな。

C　(タブレット端末を使い、グーグル翻訳で英語やその他の言語の意味を調べる)

C　(タブレット端末を使い、言葉の意味の違いを検索する)

机の上　タブレット端末を使用している子どもが、何をしているのかを把握する。

T　お、もう取り組み始めた人もいますね。

待つ

机の上　子どもが教科書やノートを使って書き換えに取り組んでいるということを把握する。

タイミング

書き換えた文章に図や表を加えて、タブレットにまとめましょう。

その後の学習—書き換えの価値は

タブレット端末を使用することで、教科書と同じように図表を加えた文章を作成することができます。さらに、修正や共有も容易になります。

事例を書き換える活動は、「言葉の意味は面である」という抽象的な表現について様々な具体を集めることを促します。これにより、抽象的な表現についての理解が深まるとともに、「主張と事例」の関係を捉えることができます。全員が書き換えを終えたら、「言葉の意味は面である」という表現について、改めて検討を促します。

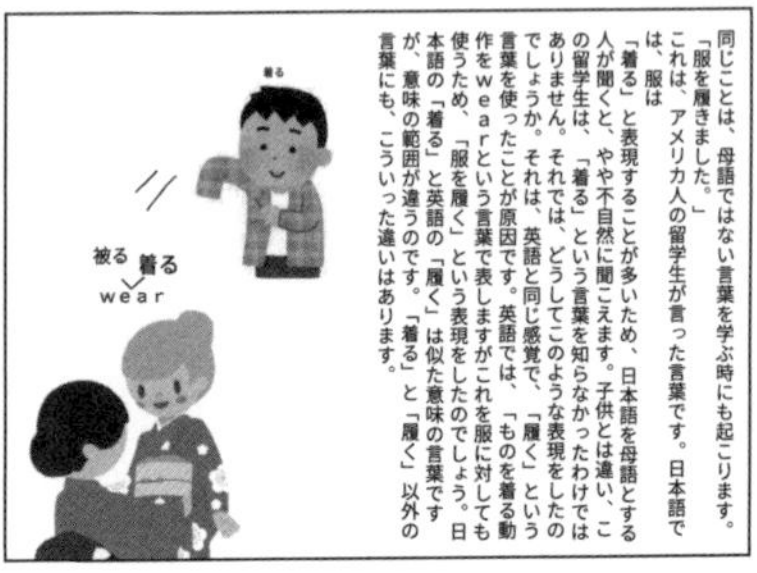
同じことは、母語ではない言葉を学ぶ時にも起こります。
「服を履きました。」
これは、アメリカ人の留学生が言った言葉です。日本語では、服は
「着る」と表現することが多いため、日本語を母語とする人が聞くと、やや不自然に聞こえます。子供とは違い、この留学生は、「着る」という言葉を知らなかったわけではありません。それでは、どうしてこのような表現をしたのでしょうか。それは、英語と同じ感覚で、「履く」という言葉を使ったことが原因です。英語では、「ものを着る動作をwearという言葉で表しますがこれを服に対しても使うため、「服を履く」という表現をしたのでしょう。日本語の「着る」と英語の「履く」は似た意味の言葉ですが、意味の範囲が違うのです。「着る」と「履く」以外の言葉にも、こういった違いはあります。

事例を書き換えた文章の例

10

3年　モチモチの木（東京書籍・教育出版・光村図書）

整理する

「今日の学習で新しく気付いたことをカードに書きましょう」

「創り出す」働きかけ
可視化する
◀問い返す
◀タイミング

「モチモチの木」は、語り手に「おくびょう」と評される豆太と、「勇気のあるたった一人の子どもだけが灯を見られる」というモチモチの木との関わりを描いた文学的な文章です。それぞれに題がついた五章までの文章となっています。どのように単元を進める場合にも、一つ一つの授業の終末には振り返りを書くことが多いでしょう。振り返りでは、授業を通して気付いたことや分かったことをまとめることになります。ここでは、タブレットを使って前時までの振り返りと関連付けながら、本時の振り返りを行います。

子どもは、前時までに「おくびょう豆太」の章を中心に、時代背景と人物設定とを捉えています。そして、振り返りとしてそれらをタブレット端末にまとめています。

（「やい、木ぃ」の章について、豆太の行動を解釈する授業の終末）

創り出す

T　前回の学習でまとめた振り返りを確認しましょう。

可視化する　前時までにまとめてきた振り返りを確認させて、それまで捉えてきたことを意識させる。

待つ

見とる

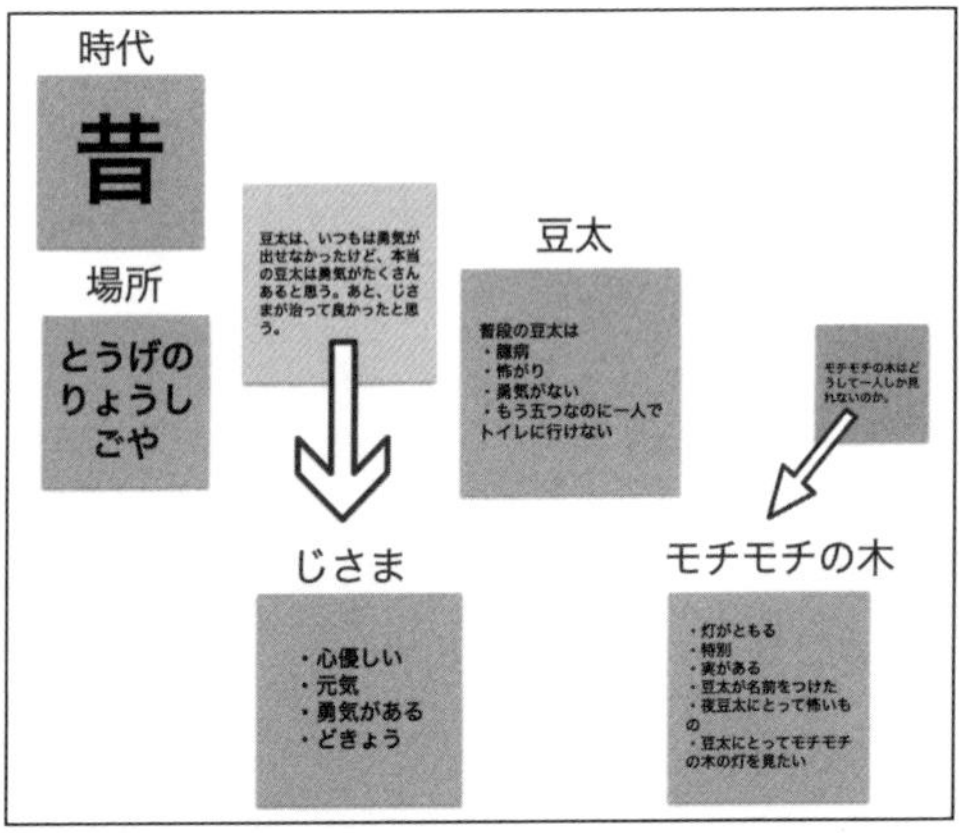
時代
昔
場所
とうげのりょうしごや
豆太は、いつもは勇気が出せなかったけど、本当の豆太は勇気がたくさんあると思う。あと、じさまが治って良かったと思う。
豆太
普段の豆太は
・臆病
・怖がり
・勇気がない
・もう五つなのに一人でトイレに行けない
モチモチの木はどうして一人しか見れないのか。
じさま
・心優しい
・元気
・勇気がある
・どきょう
モチモチの木
・灯がともる
・特別
・実がある
・豆太が名前をつけた
・夜豆太にとって怖いもの
・豆太にとってモチモチの木の灯を見たい

前時（設定を捉える授業）にまとめた振り返りの例

T　どの場所にカードを増やしたいですか？

問い返す　「カードを増やしたい」という声について、「どこ」に増やしたいかを問い返して、着目している人物を意識させる。

待つ

C　今日の分かったことも書けそう。

C　今日もカードを増やしたいな。

視線・発話　タブレット端末で振り返りを確認する視線と、カードを増やすことに意欲をもつ発話を把握する。

C　豆太の近くかな。

C　豆太とモチモチの木の間にカードを増やしたい。

C　豆太とじさまの間にも、カードが書けそう。

発話　本時の学習において着目していた人物を自覚できたかどうか、発話から把握する。

タイミング

今日の学習で新しく気付いたことをカードに書きましょう。

その後の学習―振り返りを支える

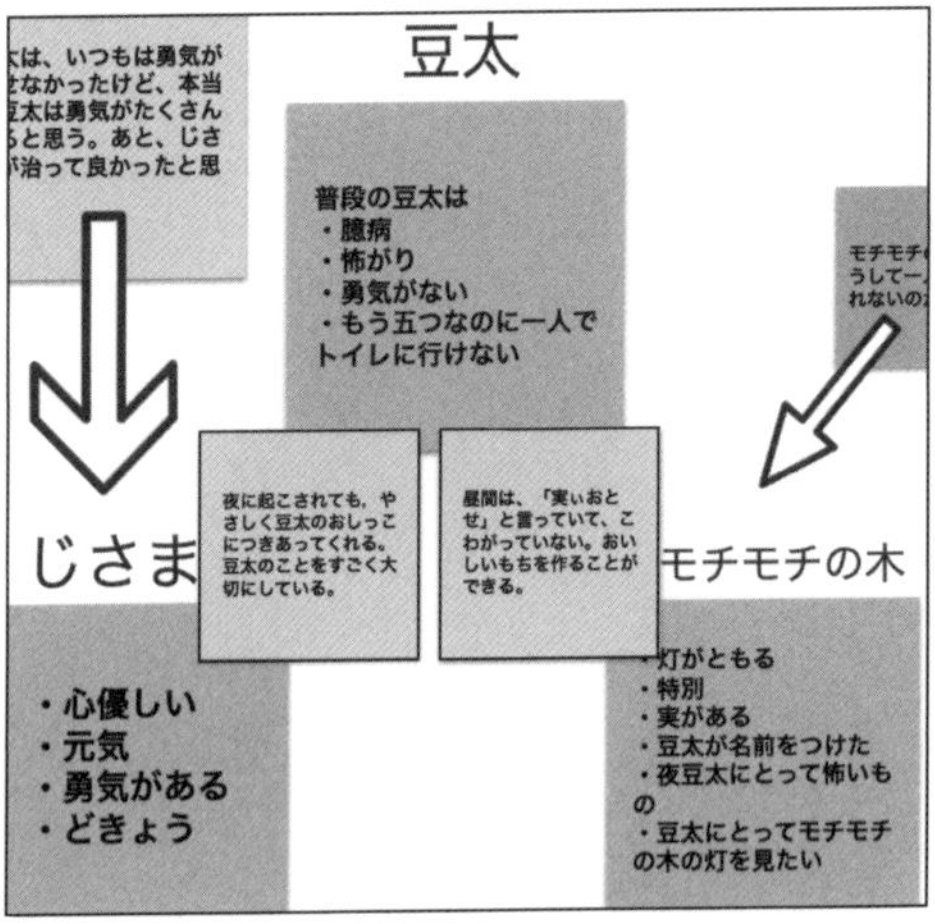
豆太
太は、いつもは勇気が
となかったけど、本当
豆太は勇気がたくさん
ると思う。あと、じさ
が治って良かったと思
普段の豆太は
・臆病
・怖がり
・勇気がない
・もう五つなのに一人でトイレに行けない
モチモチ
うして一人
れないの
じさま
夜に起こされても，やさしく豆太のおしっこにつきあってくれる。豆太のことをすごく大切にしている。
昼間は，「実ぃおとせ」と言っていて，こわがっていない。おいしいもちを作ることができる。
モチモチの木
・心優しい
・元気
・勇気がある
・どきょう
・灯がともる
・特別
・実がある
・豆太が名前をつけた
・夜豆太にとって怖いもの
・豆太にとってモチモチの木の灯を見たい

本時で新たに追加した振り返りの例

「やい、木ぃ」の章を読解することで、豆太とモチモチの木の関係性を捉えることができます。また、豆太の臆病さだけでなく、じさまから豆太への愛情も読み取ることができます。このような読み取ったことを、前時の振り返りの中に位置づけていくのです。教師は、そのような子どもの姿から、「どこに位置づけているか」を見とっていきます。そして、「そのカードなら、豆太とじさまの間でもいいんじゃない」などと助言していきます。

11

6年　海の命（東京書籍・光村図書）

共有する

「タブレットで友達の考えを参考にしながら、自分の考えを創りましょう」

「創り出す」働きかけ
可視化する
可視化する◀タイミング

「海の命」は、父に憧れて漁師を目指す少年太一が、一人前の漁師になるまでを描いた文学的な文章です。少年だった太一は、父はもちろん、与吉じいさ、母、瀬の主と呼ばれるクエとの関わりを通して、心身ともに成長していきます。ここでは、太一と様々な人物との関係、起きた出来事から受けた影響について、タブレットを使ってまとめるように促します。それぞれが自分なりにまとめる中で、共同編集機能によっていつでも他者のしていることが見える環境をつくって進めることとします。

子どもは、前時までに物語を一読しています。そして、中心人物が太一であること、そして他の登場人物と主な出来事とを捉えています。

T　前回の学習で、「海の命」は太一の成長を描いていることが分かりましたね。

T　太一に影響を与えたものは何でしたか？　また、それはどのような影響ですか？

創り出す

T　登場人物と出来事を確かめましょう。

登場人物
・おとう
・与吉じいさ
・母
・瀬の主

出来事
①父の死
②与吉じいさの弟子になる
③与吉じいさの死
④父の海に潜る
⑤瀬の主と出会う
⑥太一が父になる

待つ

C　（文章を確かめる）

C　与吉じいさだと思う。「千びきに一ぴき」っていう大切なことを教えてくれたから。

C　瀬の主が、おそろしい魚じゃなかったっていうこと。

見とる

可視化する　前時までに捉えた登場人物と出来事とを板書で提示し、意識させる。

T　どの人物、出来事に注目していますか、特に注目しているものに手を挙げましょう。
（板書で提示した人物と出来事について、順番に挙手を促す）

可視化する　他者が着目している人物や出来事を意識させる。

待つ

C　（それぞれが特に注目しているものに挙手をする）

発話・視線・体の動き　発話からどの人物や出来事に着目しているか把握する。また、視線から文章を確かめている子どもを把握する。

C　同じだ。与吉じいさの人が多い。

C　えっ。なんで母？

発話・視線・体の動き　どの人物や出来事に着目しているかを把握するとともに、他者の考えを意識している子どもの姿を把握する。

タイミング

タブレットで友達の考えを参考にしながら、自分の考えを創りましょう。

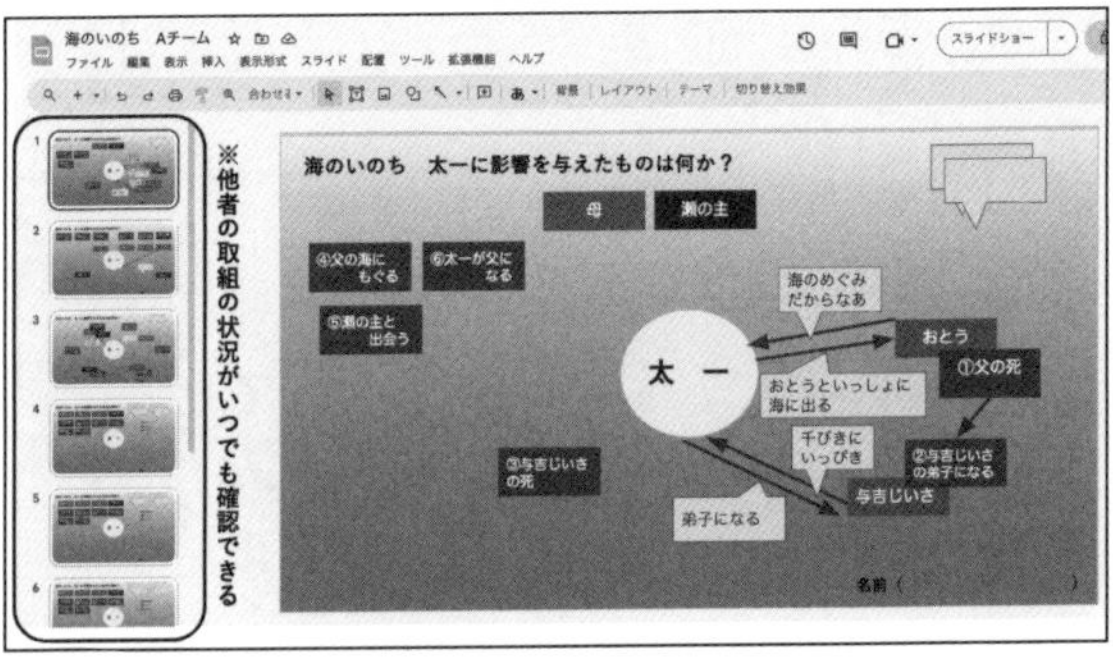

子どもの端末に表示される画面の例

その後の学習―他者の考えを取り入れる姿を価値づける

子どもは、上掲の図のように、太一の成長と他の人物の関連、また出来事の関連を自分なりにまとめ始めます。文章をじっくり読み返して少しずつ進める子ども、頭の中にある考えをどんどん入力していく子どももいるでしょう。

また、ここでは共同編集機能が使えるアプリケーションを活用させて、考えをまとめる過程を常に共有しながら進めさせることになります。そこで教師は、他の子どもの取組を参考にしている子どもの姿を見とることを大切にします。そして、その姿を本人はもちろん、全体へフィードバックします。これにより、教科書の文章だけでなく他者がまとめた考えも、自分の考えを創るための情報として活用するという学び方を価値づけるのです。

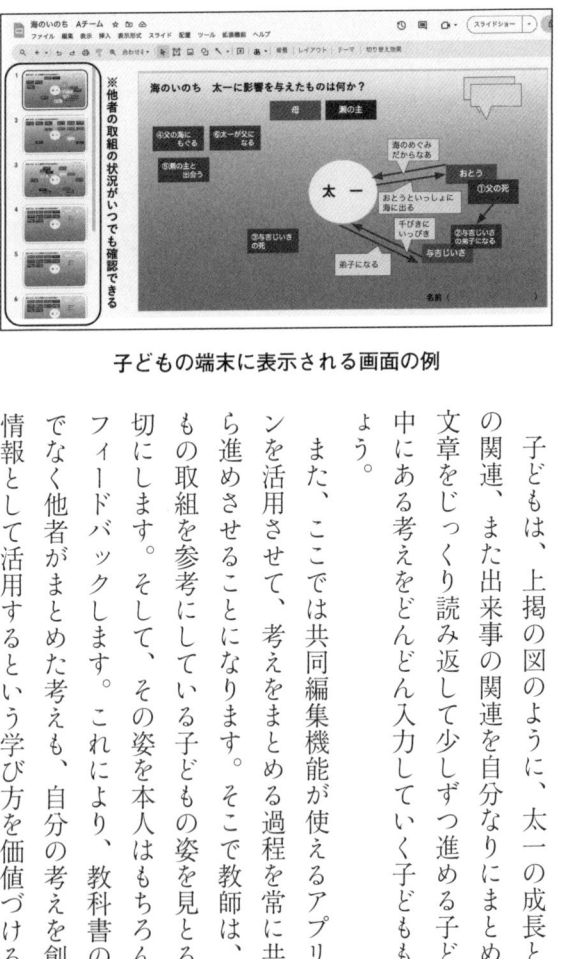

12

2年　たんぽぽのちえ（光村図書）
参照する

「生活科でまとめた植物の観察記録を見てみましょう」

「創り出す」働きかけ
可視化する
言い切る
タイミング

「たんぽぽのちえ」は、たんぽぽの花が咲いてから綿毛を飛ばすまでの生長を、時系列に沿って解説した説明的な文章です。「じく」「らっかさん」といった独特な表現には、筆者のものの見方や感じ方が表れています。この頃の子どもは、生活科で植物の栽培に取り組み始めています。ここでは、その経験を生かして、「筆者はたんぽぽのどのようなところを観察しているか」という課題を立てます。そして、生活科における植物の観察記録を参照しながら、筆者のたんぽぽに対する見方や感じ方を解釈する学習を行います。

子どもは前時までに文章を一読しています。そして、形式段落を確かめて内容の大体を捉えた後、筆者が着目しているたんぽぽの部位をタブレットにまとめています。

T　筆者は、たんぽぽのどのようなところを観察していますか。タブレットにまとめてみましょう。

創り出す

T　（下図のように子どもがまとめたものを提示する）

T　筆者は、たんぽぽのじく、花、種、わた毛について観察をしていたようですね。

待つ

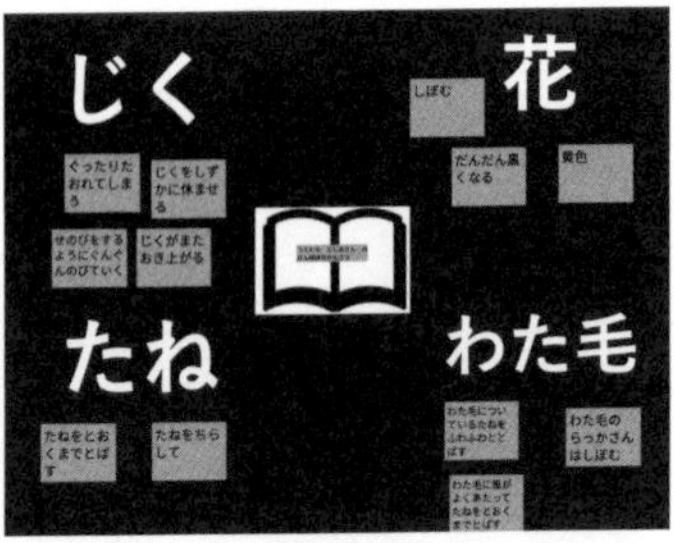

上掲のように，書かれている情報をたんぽぽの部位ごとに分けてまとめさせる

見とる

C　私と同じだ。

C　じくもあったね。

C　わた毛のことがたくさん書いてあったよ。

C　じくのこと書き忘れてた。

可視化する　じく、花、種、わた毛に着目してまとめているものを提示し、それらの部位を意識させる。

T　みんなも生活科の観察で、自分の植物のじく、花、種、わた毛を観察していましたね。

言い切る　子どもそれぞれが生活科で観察してきたことが、筆者と同様であったと言い切って、異なる点に視点を絞る。

待つ

待つ

C　花は同じだけど…。

C　ぼくの観察していた植物にわた毛はないから、そこは違う。

発話・体の動き　教師の働きかけを受けて、着目する部位に共感する発話、自分がまとめたものを修正しようとする動きを把握する。

C　じくって…どこ?

C　じくはやってるんじゃない?

発話・体の動き・机の上　自分たちの観察を想起する発話、タブレット端末を取り出して生活科の観察記録を確かめようとする机の上や体の動きを把握する。

タイミング

生活科でまとめた植物の観察記録を見てみましょう。

その後の学習―子どもの問題意識を生かして課題を焦点化する

生活科でまとめた植物の観察記録を見ることで、「たんぽぽのちえ」で取り上げられている部位の特別な点に気付くことができます。例えば、「わた毛」です。これはたんぽぽ特有の部位なので、当然のこととして理解することができるでしょう。一方で、「じく」については、多くの子どもが「茎のことなのかな」などと、問題意識をもちます。

この子どもの問題意識を取り上げて、『「じく」』と『茎』はどう違うのか」、さらに「なぜ筆者は茎ではなく『じく』という言い方にしたのか」などと、課題を焦点化していきます。そうすることで、二年生なりの、筆者の意図を探る学びを創ることができます。

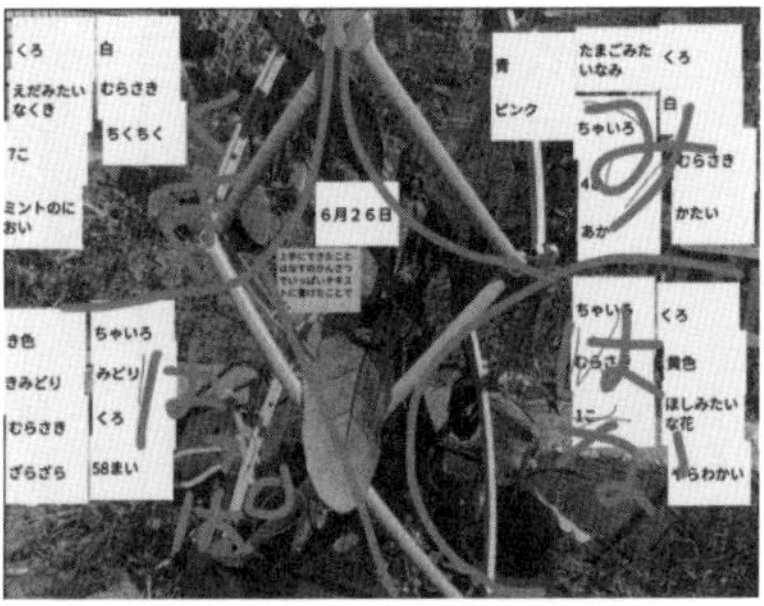

生活科でまとめた植物の観察記録の例

コラム3　見とりと教材分析―国語の眼鏡

「中野さんは、すごく耳がいいですよね」

研修会で共に学んでいる先生が、授業を参観した後にかけてくださった言葉です。そして、子どものつぶやきをよく聞き取っている、それを生かして授業をしていると、そんなことをお話してくださいました。

もちろん、自分自身で見とりが優れていると自称する気はまったくないのですが、ここでは、よりよく子どもの学びを見とるために意識していることを述べたいと思います。

第2章では、子どもの学びを「見とる」技術として、何を見とるか、どこから見とるかという2点を解説しました。それらに加えて重要なことは、**教師が指導事項を教材に当てはめて理解できているか**ということだと考えています。子どものつぶやきを聞きとれるかどうかは、ここにかかっていると言っても過言ではありません。

例えば、何か別のことを考えていて、話の内容が全く頭に入ってこなかったという経験は、誰しもがあるでしょう。これは、その空間で、その話しか聞こえてこない状況であったとしても、起こり得ることです。同様のことは、教室の見とりにも言えます。聞きとろうとしていないことは、物理的に聞こえたとしても、頭に入らないのです。「この発問について、子どものこのような発話が出たら、次に進めよう」などと、授業の進行のことばかりを考えていると、「このような発話が出たら」に合致した発話しか聞こえません。そうなると、それに飛びつくように授業を進めて、周りの子どもたちを置いていってしまうことになりかねません。

このようなことから、子どもの学びを多様に見とるためには、丁寧な教材分析が必要になってきます。つまり、その教材から、その教科の指導事項が見えるようにしておくということです。拙著『子供が学びを創り出す　対話型国語授業のつくりかた』では、国語科の指導事項を**「国語の眼鏡」**として提案しました。本書では、少し改良して「眼鏡で見る対象」（文章中のどこ・何を見るか）を加えた表を次ページに掲載します。シンプルに示すことを優先しているため、完全に網羅できているわけではありませんが、国語科の教材分析に役立てていただければと思います。

	説明文の眼鏡	眼鏡で見る対象
第1学年及び第2学年	・問い	…～か，～しょうか
	・時間的な順序	…朝～，昼～，○○の後～
	・作業の順序	…まず～，次に～，そして～
	・初め	…題材を紹介する表現
	・終わり	…「中」の内容を抽象化する言葉
	・段落	…内容のまとまり（１字下げ）
	・共通・相違	…ある観点で共通，相違した文章 （例）対象，時間，場所
	・理由	…なぜかというと～ ～からです，～のです
第3学年及び第4学年	・小さな問い	…答えが簡潔に述べられている問い
	・大きな問い	…答えが文章全体で述べられている問い
	・意図的な順序	…一見して順序性のない複数の事例
	・三段構成	…初め　ー　中　ー　終わり
	・意味段落	…内容的な共通性のある段落
	・主張	…題材に対する筆者の考え方や感じ方が表れた言葉（～しましょう　～のです）
	・事例	…筆者の主張について，具体的な事物を表す言葉が含まれる文章
	・中心	…設定した目的を達成するために欠かせない重要な言葉
第5学年及び第6学年	・事実	…実際に起きた事象，実験結果を表す言葉
	・意見	…事実に対する筆者の考え方が表れた言葉 （～のです，～と考えられます）
	・原因と結果	…事象とそれが起きた理由を表す言葉
	・具体と抽象	…対象の狭い言葉，広い言葉
	・図表の働き	…図表に関連する言葉
	・頭括型	…「初め」に書かれている主張
	・尾括型	…「終わり」に書かれている主張
	・双括型	…「初め」「終わり」に書かれている主張

	物語文の眼鏡	眼鏡で見る対象
第1学年及び第2学年	・登場人物	…会話や行動が書かれている人物
	・中心人物	…多く登場し，気持ちが分かるように書かれている人物
	・会話文	…「　」の言葉
	・行動	…動きが分かる言葉
	・様子	…人物の体勢や表情が分かる言葉
	・時	…時間や日にちの分かる言葉
	・場所	…風景が想像できる言葉
	・場面	…時，場所，人物が共通している内容のまとまり
第3学年及び第4学年	・対人物	…中心人物の気持ちに関与する人物
	・気持ち	…形容詞，行動の理由
	・気持ちの変化	…前半と後半の気持ちの違い
	・性格	…中心人物の行動や気持ちに表れる一貫したもの
	・設定	…人物や場面について，主に冒頭部で説明される情報
	・山場	…人物の気持ちが大きく変化する場面
	・結末	…物語の後日談。どうなったか
	・情景	…人物の気持ちと共通するように書かれている風景
	・語り手の視点	…地の文で，誰の気持ち，誰の見ているものを語っているか
第5学年及び第6学年	・人物関係	…中心人物と他の人物の関係性。また，何をした／されたか
	・人物像	…人物の設定，性格，気持ちの変化などを総合したもの
	・全体像	…人物像，人物関係，場面の移り変わりなどを総合したもの
	・描写	…読み手が想像できるように書かれた部分
	・象徴	…間接的に何かを表現する言葉

第4章

45分間の
授業で見る
「タイミング」

「タイミング」を視点に授業を俯瞰する

─授業実践　小学2年「スーホの白い馬」

教材文「スーホの白い馬」は、馬頭琴由来譚（ゆらいたん）として描かれた物語です。つまり、スーホと白馬の交流は、全てが馬頭琴のできた理由として語られているのです。このことは、冒頭部や結末部の文章から明確に読み取ることができます。しかしながら、一読した子どもが関心をもつのは、やはりスーホと白馬の交流を描いた部分になります。馬頭琴由来譚として描かれている構成には、なかなか目が向きません。

そこで、物語を一読した子どもが、物語の構成を捉えることができるように、単元の二時間目の授業を構想しました。

まず、この授業で用いた三つの方法について、**方法を捉える技術**（第2章参照）を駆使して、その機能を確かめておきたいと思います。

方法❶ 発問「もしとのさまがいなかったら、この物語のどこが変わる？」

方法を『捉える』

〈仮定の発問〉 ※参考：第2章　1　方法を「捉える」技術（58ページ）

○本来の展開と、仮定した展開とを**比較する思考**を促す。
○教材の安定した展開が仮定によって崩されるため、**不安を生む**。
↓教材を確かめたくなる
↓他者の考えを聞いてみたくなる

このような機能が十分に発揮されるためには、この発問が子どもにとって必要になるタイミングを見極めることが重要です。子どもが「もしも…」などと考えてもいないタイミングで発問することは、ふさわしいとは言えません。

本実践では、登場人物「とのさま」を削除することを仮定して問います。とのさまは、物語の中で傍若無人な人物として描かれていますが、実は馬頭琴由来譚を成立させるためになくてはならない存在です。この発問により、子どもは、「とのさまがいなかったら、ここがおかしくなってしまう」などと物語の構成に意識を向けることになります。

方法❷ 指示「グループの友達と話し合いながら、考えを創りましょう」

方法を『捉える』

〈グループ対話〉 ※参考：第2章　1　方法を「捉える」技術（62ページ）

○相手の思いをよりよく理解しようとする中で、相手の考えと教材とを**関連づける思考**を促す。

○相手に自分の思いをよりよく伝えようとする中で、**理由づける思考**を促す。

○自分の状態や特性に合った参加の仕方（話す中心・聞く中心など）ができるため、**安心感**を生む。

↓課題について、より深く考えたくなる

このような機能が十分に発揮されるためには、**グループ対話が子どもにとって必要になるタイミング**を見極めることが重要です。

物語教材の授業では、様々な読みと出合うことに価値があります。子どもは、自分の迷いや困り感を解消するために、他者と対話し刺激を受けながら、考えを創っていきます。

方法❸ 発問「馬頭琴ができたことについて、それが大切だと考えている人は、どうしてなのでしょうか」

〈理由を問う発問〉※参考：第2章　1　方法を「捉える」技術（59ページ）

○馬頭琴ができた意味について、複数の場面を関連づける思考が促される。

○理由を考えるにあたっては、自らのアイデアによるところが大きいため、**不安や迷い**を生む。

↓他者の考えを聞いてみたくなる

このような機能が十分に発揮されるためには、この発問が子どもにとって必要になるタイミングを見極めることが重要です。

方法①の発問を通して、子どもは、とのさまの存在と馬頭琴との関連を捉えていきます。このことを物語の構成と確かに結び付けるために、理由を問う発問を行うのです。子どもは、捉えたことと、前話にあたる冒頭部の内容とを関連づけることになります。

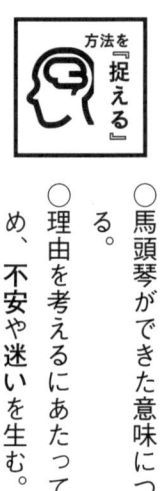

それでは、これら三つの方法が機能するタイミングについて、写真と発話記録で見ていきましょう。**待つ技術、創り出す技術、見とる技術**（第2章参照）の働きについても、示しながら進めていきます。

T　みんなが書いた感想を読んで、先生はあるすごいことに気が付きました。
C　え、なになに？
T　なんと、ほとんどの人が、ある人物についての感想でした。
C　とのさまだ。
T　正解は、ほとんどの人が、とのさまについて書いていました。
C　やっぱり。ぼく、全部とのさまだ。

『創り出す』**方法1**に向けて

可視化する
多くの子どもが「とのさま」に着目した感想をもっていることを可視化して意識させる。

T　ちなみに、とのさまが出てくるのはどこかな？　ストップって言ってね。

C　ストップ。

C　違う、出てきてない。

C　出てるよー。

C　文章に出てるよ。

『待つ』働きかけの後、待つ。そして子どもの発話を見とる。

『見とる』文章を見つめる視線、文章を示す発話を見とる。

T　いま聞いた？「文章に出てる」って。確かめて。

C　だって、「このあたりをおさめている

『創り出す』方法１に向けて

可視化する

とのさまが登場する場面を可視化し意識させる。

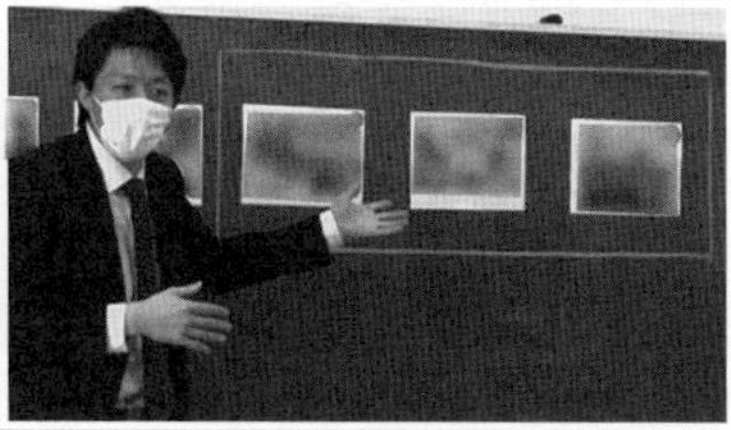

とのさまが…」って。

T　じゃあ、その先に進んでいいかな。どこまで出てくるか。

C　ストップ。

『待つ』
働きかけの後、待つ。そして子どもの発話を見とる。

T　ここまでだね。ここからここまでがとのさまゾーンかな。みんなはこのあたりを読んで、とのさまについて感想を書いたんだね。

C　たしかにそこを読んで書いてた。

T　とのさま好きだねえ。

C　いや好きじゃないよ。

『創り出す』に向けて 方法1
可視化する
とのさまが登場する場面を可視化し意識させる。

『創り出す』に向けて 方法1

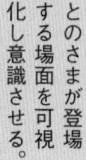

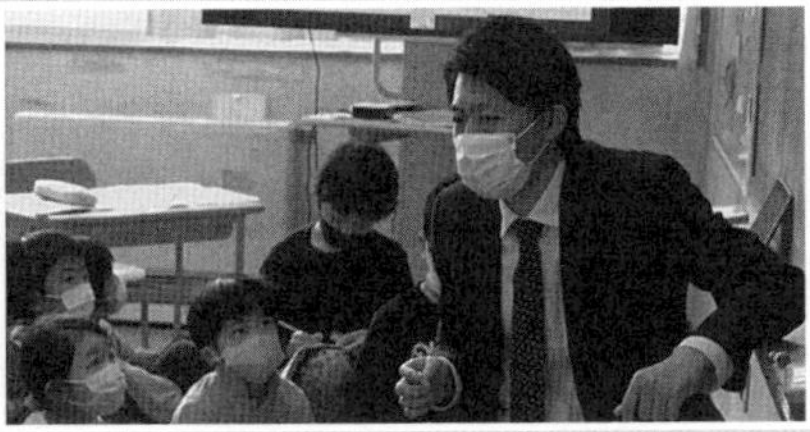

「待つ」
働きかけの後、待つ。そして子どもの発話や視線を見とる。

C　とのさまなんていなければいい。
C　とのさまいらない。
（先の発話と類似したつぶやきが起こる）

T　ちょっと交流しませんか。話しやすいように、黒板の前に集合しよう。
（子どもは黒板前の床に座る）
T　さて、では教えてください。とのさまについて、あなたはどんなことを思ったのですか。

言い切る
「とのさま好きだねえ」と、多くの子どもが抱いていた感情と反対の感情で言い切る。これにより、とのさまへのマイナスの感情に視点を絞る。

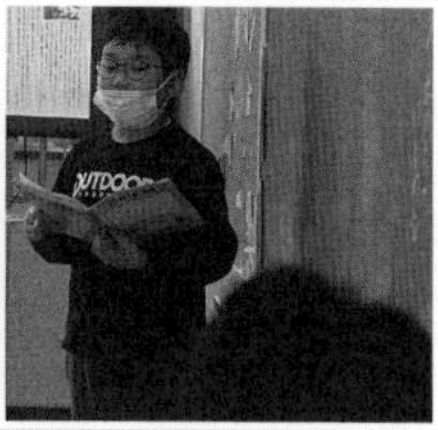

C　スーホの馬をとったから、ひどい。スーホにとっては、いじわるな人。

T　**いまAさんはどんな言葉で感想を表現してた？**

C　いじわる。

T　**誰にとって？**

C　スーホにとって。

C　自分の手を汚さずに家来の手を汚すなんて…。

T　なんだかおもしろい言い方をしてるね。

C　自分の手を汚さずに家来の手を汚させて、自分が悪くないようにしている。

T　自分の手を汚さずにって、何のことを言っているのかな。

C　スーホを殴ったり…。

『創り出す』に向けて　方法❶

指差しをする

「いじわる」という発話を指差しする。これにより、言語化されたとのさまへの感情の共有を図る。

『創り出す』に向けて　方法❶

問い返す

「誰にとって」と問い返す。これにより、スーホに寄り添って読んでいることを自覚させる。

T　そうか、スーホを殴らせたんだ。

C　とのさまは何も手を出していないから、自分は悪くないっていう感じ。

T　自分で直接やらないんだね。

C　家来にやらせて、悪いのは家来みたいにしている。

T　ちなみに、とのさまが家来にやらせたのは、スーホを殴らせたことだけ？

『待つ』　働きかけた後、待つ。そして発話を見とる。

C　白馬を弓で射殺させた。

（とのさまの家来に対する言動についてつぶやきが起こる）

『創り出す』に向けて　方法①

問い返す

「家来にやらせて…」という発話について問い返す。これにより、「家来にやらせている」ことを具体化させ自覚させる。

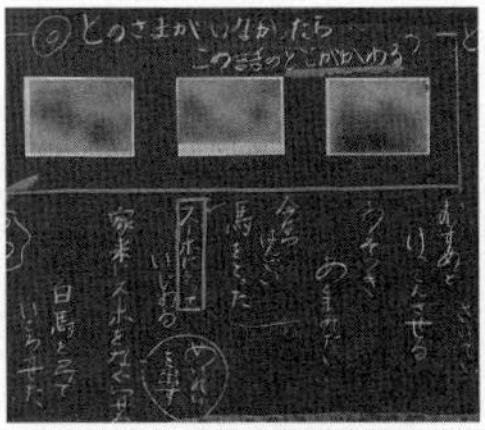

T　約束破りをして、馬を奪い取ったりとか、家来にスーホを殴らせたりとか…さっき白馬を弓で射殺させたりとか、意地悪って言っていたんだけど、他の表現ができそうな人はいますか？
C　悪魔みたい。
T　**誰にとって**？
C　スーホにとって。
T　他には？
C　嘘つき。
T　**誰にとって**？
C　スーホにとって。
C　本当は娘と結婚させる約束だった。
C　ていうか、銀貨もあげてないじゃん。
T　ああー。嘘の後にまた嘘があるね。

『創り出す』に向けて　方法①

問い返す
「誰にとって」と問い返す。これにより、スーホに寄り添って読んでいることを自覚させる。

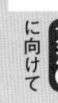

C　とのさまがいなければいいのに。

『見とる』

「とのさまがいなければ」と仮定する発話を見とる。また、その発話に対する子どもの反応を体の動きや発話から見とる。

T　とのさまがスーホにとってひどいっていう君たちの気持ちがよく分かりました。さっき、こんなことを言っていた人もいたね。「とのさまが、いなければいいのに」。

C　そうそう。

C　ハッピーエンドになる。

『創り出す』に向けて　方法①
指差しする
「とのさまがいなければ」という発話を指差しする。これにより、仮定する考え方の共有を図る。

C　でもとのさまがいないと、白馬に出会えない。

C　とのさまがいなくても会える。

C　馬頭琴が…。

（多くのつぶやきが起こる）

「待つ」　働きかけた後、待つ。そして、「とのさまがいなければ」と仮定した発話を見とる。

「見とる」　文章を見つめる視線、変化した展開についての発話を見とる。

方法1　発問

T　もしとのさまがいなかったら、この話はどこかが変わるんじゃないか。

タイミング　「もしもとのさまがいなければ」と仮定する考え方が共有されたタイミング。

T　そう思う人は手を挙げてごらん。

（多くの子どもが挙手する）

T　じゃあ、どこが変わるんだろう。

『待つ』仮定する発問の後、待つ。そして、子どもの発話、視線、動きなどを見とる。

C　白馬がとられなくなる。

C　ずっとスーホといられるから！

『見とる』どこが変わるかを示唆する発話、黒板に掲示された挿絵を見る視線、悩む表情などを見とる。

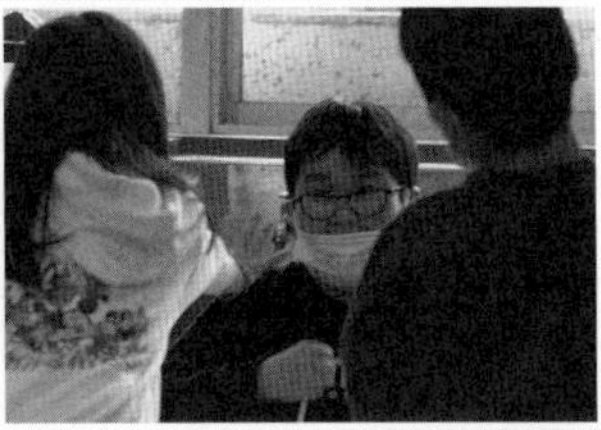

方法❷ グループ対話

T　席に戻って、グループで話し合いながら自分の考えを創りましょう。

【グループの話し合い（抜粋）】

C　とのさまがいなければハッピーエンド。
C　そう。だって白馬が死なないからね。
C　この競馬がなくなるから、スーホと白馬は、ずっと村で仲良く暮らせる。
C　でも、馬頭琴はできない。白馬が死んだから、スーホは夢を見て、馬頭琴を作ったから。
C　このお話は、馬頭琴の話だからさ…。
C　ほら、「こんな話があるのです」って

タイミング

「どこが変わるか」について何らかの考えをもつ、または「どこが変わるか」を探そうとする子どもを見とったタイミング。

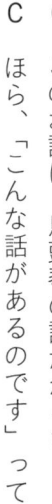

C　書いてあるから。でもハッピーエンドのほうがいいよ。

『見とる』グループを回りながら、どこを話題に発話しているか、文章のどの場面を見つめているか、指差しているかを見とる。

T　おーい、ちょっと考えたことを全体でも話してみようか。先生がいろいろな人の話を聞いてみたんだけどね、とのさまがいなければハッピーエンドだって、話してる人がたくさんいたんだよ。でもね、**とのさまがいたおかげでって話している人もいたんだ。**

C　えっ。

C　とのさまがいたおかげで、馬頭琴が…。

『創り出す』に向けて 方法③

指差しする
とのさまの存在をプラスに捉える発話を指差しする。これによりとのさまの存在をマイナスに考えていた子どもを揺さぶる。

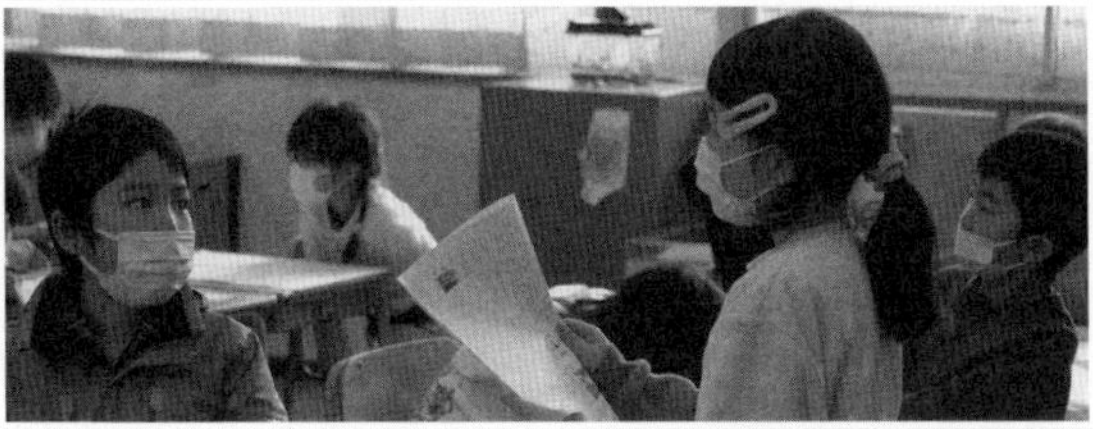

T　ちょっと「おかげで」の考えをみんなに聞かせてあげて。

C　とのさまのせいで白馬が死んでしまったんだけど…。

T　今のは「せいで」のはなしだね。

C　でも、とのさまのおかげで、馬頭琴は作れた。

T　**ん？　そうなの？**

C　とのさまがいなければ、馬頭琴を作ることにはならない。

C　悔しさで寝られなくて、夢で白馬が出てきて、馬頭琴の作り方を知ったから。

T　そういう「おかげで」なんだ。とのさまが出てきたから、馬頭琴ができた。

『創り出す』方法③に向けて

問い返す

「とのさまのおかげで馬頭琴は作れた」の理由を問い返す。これにより、根拠を含めた読みの過程を意識化し、共有を図る。

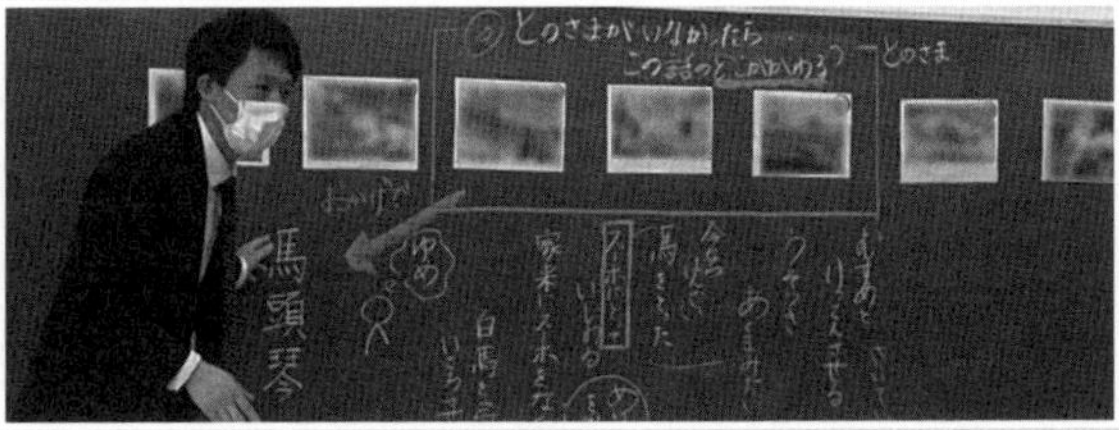

C　でも、白馬が死んだのは、かわいそう。
C　スーホが悲しくなった。

『見とる』 構成（展開）を見ようとするスタンスと、スーホに寄り添うスタンスが、それぞれ共有されていることを表情や発話から見とる。

方法❸ 発問

T　そうだよねえ。馬頭琴ができたことについて、それが大切だと考えている人は、どうしてなのでしょうか？
C　だって、最初に…
T　最初？
C　最初って言うのは、この最初のページに書いてある…。

タイミング
「とのさまのおかげで馬頭琴ができた」という発話の共有が図られたタイミング。

（多くの子どもが冒頭部の文章を確かめる）

T　やっぱりこのお話で馬頭琴ってそんなに大切なの？

C　この物語に「馬頭琴というがっきがあります。…どうして、こういうがっきができたのでしょう」って書いてあるから。

T　ちょっと待って。これ、どこの文のことを言っているか分かる？

C　分かる。

C　言おうと思ってたことと、全く同じ。

C　それで、「どうしてできたのでしょう」って言っているから、この馬頭琴ができたお話なんだから、馬頭琴が一番大切。

用意していた全ての方法を与えた後は，適宜教師が出て，子どもの発話の共有を図りながら，学びを支えます。

T　Cさんの気持ち、どのくらい分かってあげられた？　手の高さで表して？

（子どもはそれぞれの手の高さで挙手）

C　このお話は、（叙述を板書する）「それには、こんな話があるのです」から、馬頭琴という楽器ができたことを説明する話になっている。これは、やっぱり馬頭琴のお話で、馬頭琴がどうしてできたのかを説明する話だから。

C　馬頭琴ができなければ、このお話じゃなくなる。

C　馬頭琴のできたことを説明する話。

T　ああー。たしかに。話の中心が変わっ

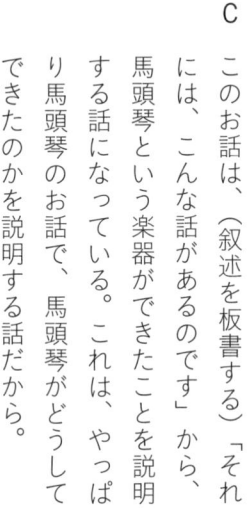

ちゃうね。

C　「こんな話があるのです」が最後の「がっきはできあがりました。これが馬頭琴です」につながっている。

T　なるほどー。じゃあ、やっぱりとのさまは大切な登場人物じゃん。

C　大切。でも嫌い。

C　嫌いは嫌いだけれど、大事だからなあ。

T　じゃあ、ちょっと今日の学習を整理しようか。スーホから見るとのさまってひどい人。ここまでいいかな？

C　はい。

T　でも、話全体から見たら、とのさまって大切な登場人物だよね。

C　はい。

用意していた全ての方法を与えた後は，適宜教師が出て，子どもの発話の共有を図りながら，学びを支えます。

T　どこから見るかで、感じ方が変わってくるんだね。じゃあ、振り返りは、とのさまの「大切さ」のほうについて、分かったことを書いてみようか。

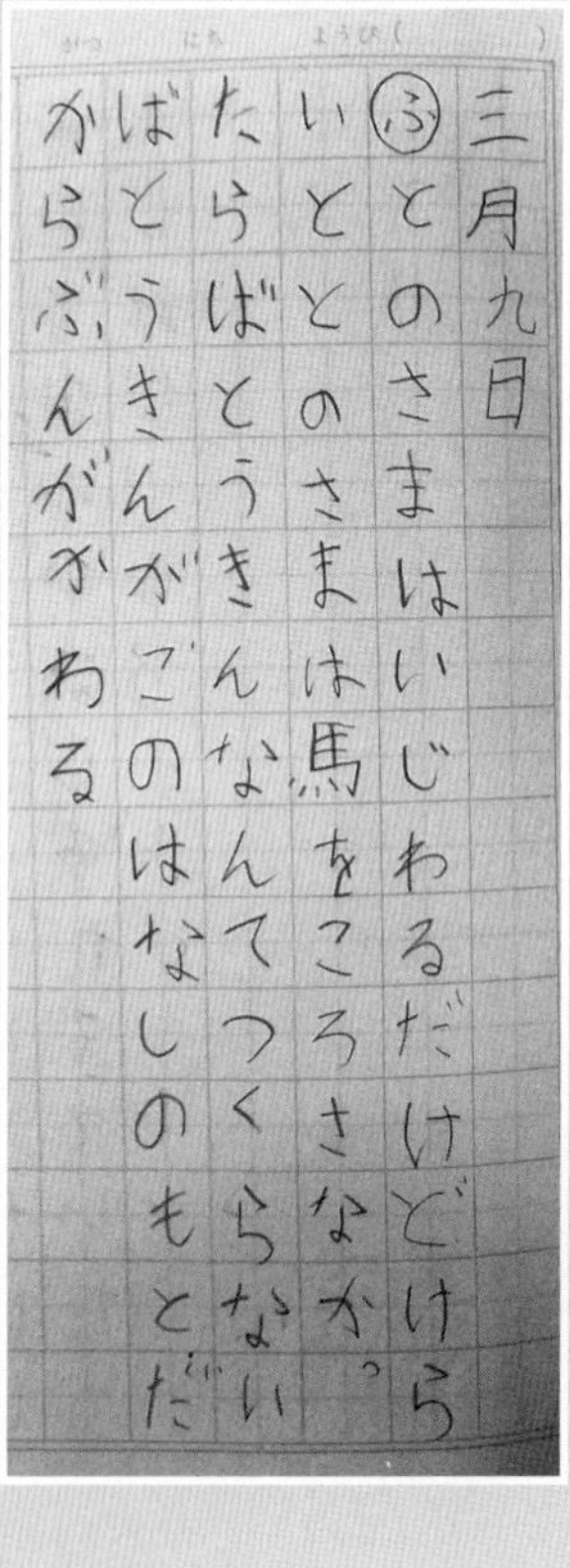
三月九日
ふとのさまはいじわるだけどけら
いととのさまは馬をころさなかっ
たらばとうきんなんてつくらない
ばとうきんがごのはなしのもとだ
からぶんがおわる

【子どもが記述した振り返り】
馬頭琴由来譚としての構成を捉えている記述が見られます。

おわりに

「タイミング」をメインテーマにした教育書は、おそらくほとんど存在しないと思います。タイミングは言わば暗黙知であり、個人の感覚や経験によって身に付けるほかないものとして扱われてきたからです。

だからこそ、タイミングには授業者の価値観、つまり授業観や子ども観が強く表れてきます。極端なことを言えば、「教師が教える」という授業観で方法を行うのであれば、教師のタイミングで用意した方法を行うことになります。反対に、「教師は教えない」という授業観で方法を行うのであれば、授業の冒頭で方法を提示し「好きな方法を選んで学びましょう」と指示することになります。

私の授業観は、**「教師と子どもが共に学びを創っていく」**ということです。できるだけ同じ目線で、教師も子どもも教材を追究し、新たな気付きを得ていくような授業を目指しています。したがって、本書で提案しているタイミングは、そのような授業観に基づいています。

さて、本書をお読みになった先生方の授業観は、どのようなものでしょうか？

第2章で提案したタイミングを見極める四つの技術は、どのような授業観であっても、タイミングを見極める力を培う入り口として機能すると考えています。

さらに、第3章や第4章で提案した私のタイミングは、先生方それぞれのタイミングを見つける手がかりとなると考えています。

本書の内容を生かして、ご自分と目の前の子どもたちにぴったりのタイミングを磨き上げてください。そして、可能であれば、どこかで授業について語り合いましょう。ぜひお考えをお聞かせください。

最後になりましたが、私のタイミングを見極める力は、2023年現在勤務する新潟大学附属新潟小学校での日々を通して培われたものです。

「子どもの思いを大切に」

「教師がしたいことに子どもを付き合わせない」

このような、新潟大学附属新潟小学校でずっと大切にされてきた文化があったからこそ、タイミングという発想が生まれ書籍にまとめることができました。この場を借りて、ともに研究を深めてきた先生方、素晴らしい文化を築き上げてきた先輩方に感謝申し上げます。そして、何よりもともに学びを創り上げてきた子どもたちに感謝を伝えたいと思います。また、明治図書の大江文武様には大変お世話になりました。大江さんと何度もミーティングを繰り返すことで、「タイミング」という難しいテーマを言語化することができました。心から御礼申し上げます。

これからもよりよいタイミングを、よりよい学びを、子どもたちと追究していきます。

2024年1月

中野　裕己

【引用・参考文献】

第1章 「タイミング」が授業の成否を分ける

・高橋純『学び続ける力と問題解決―シンキング・レンズ、シンキング・サイクル、そして探究へ』二〇二二年、東洋館出版社
・佐藤佐敏『思考力を高める授業　作品を解釈するメカニズム』二〇一三年、三省堂
・奈須正裕『次代の学びを創る知恵とワザ』二〇二〇年、ぎょうせい
・奈須正裕「「令和の日本型学校教育」が求めるもの」二〇二二年、光文書院『これからの小学校教育を考える！情報マガジン［ティーナビ・エデュ］』vol.12
・Robert K.Branson『issues in the Design of Schooling:Changing the Paradigm.』一九九〇年、Educational Technology Volume 30, Number 4

第2章 「タイミング」を見極める四つの技術

・石井英真『授業づくりの深め方　「よい授業」をデザインするための5つのツボ』二〇二〇年、ミネルヴァ

書房
・青木伸生・「ことば」の教育研究会『個別最適な学びに生きる　フレームリーディングの国語授業』二〇二一年、東洋館出版社
・桂聖・授業のユニバーサルデザイン研究会沖縄支部『教材に「しかけ」をつくる国語授業10の方法　説明文アイデア50』二〇一三年、東洋館出版社
・桂聖・授業のユニバーサルデザイン研究会沖縄支部『教材に「しかけ」をつくる国語授業10の方法　文学アイデア50』二〇一三年、東洋館出版社
・齊藤慎一『子どもの事実に向き合う　教師の5つの価値観の転換』二〇二二年、東洋館出版社
・須永吉信『教師の待つ技術』二〇二一年、明治図書出版
・田中博史『子どもが変わる授業　算数の先生が教える授業づくりの秘訣』二〇一五年、東洋館出版社
・中野裕己『子どもが学びを創り出す　対話型国語授業のつくりかた』二〇二二年、明治図書出版
・中野裕己『教科の学びを進化させる　小学校国語授業アップデート』二〇二一年、明治図書出版
・野口芳宏『名著復刻　授業で鍛える』二〇一五年、明治図書出版
・野口芳宏『名著復刻　授業の話術を鍛える』二〇一六年、明治図書出版
・野中潤・遠島充・中野裕己・渡辺光輝『学びの質を高める！　ＩＣＴで変える国語授業３　Google

Workspace for Education 編』二〇二二年、明治図書出版
・文部科学省『小学校学習指導要領解説　総合的な学習の時間編』二〇一八年、東洋館出版社

第3章　方法と事例で見る　授業の適切な「タイミング」

・『国語教育』編集部（編）『教材研究×国語　定番教材の外せないポイントがわかる超実践ガイド　小学校・中学校』二〇二三年、明治図書出版
・白石範孝『白石範孝の「教材研究」―教材分析と単元構想』二〇二〇年、東洋館出版社
・田中実／須貝千里（編）『文学の力×教材の力　小学校編4年』二〇〇一年、教育出版
・鶴田清司『なぜ「ごんぎつね」は定番教材になったのか―国語教師のための「ごんぎつね」入門―』二〇二〇年、明治図書出版
・鶴田清司『〈解釈〉と〈分析〉の統合を目指す文学教育―新しい解釈学理論を手がかりに―』二〇一〇年、学文社

第4章　45分間の授業で見る「タイミング」

・田中実／須貝千里（編）『文学の力×教材の力　小学校編2年』二〇〇一年、教育出版

【著者紹介】
中野　裕己（なかの　ゆうき）
新潟大学附属新潟小学校教諭。
1986年新潟県生まれ。新潟市公立小学校教諭を経て，現職。
「授業は，子どもと教材の相互作用」を合言葉に，子どもの学びを「支える」授業づくりを大切にしている。全国国語授業研究会監事。Google Educator group Niigata city リーダー。授業改善コミュニティ「授業てらす」プロ講師。教員サークル「国語授業“熱”の会」代表。教員サークル「新潟音読研究会」幹事。
［著書］
『教科の学びを進化させる　小学校国語授業アップデート』（2021年）
『学びの質を高める！ICT で変える国語授業３　Google Workspace for Education 編』（2022年，共編著）
『子供が学びを創り出す　対話型国語授業のつくりかた』（2022年）ほか，『教育科学 国語教育』，『実践国語研究』（いずれも明治図書出版）などに原稿執筆多数。

授業はタイミングが９割

2024年２月初版第１刷刊　©著　者　中　野　裕　己
2024年４月初版第２刷刊　発行者　藤　原　光　政
発行所　明治図書出版株式会社
http://www.meijitosho.co.jp
（企画）大江文武（校正）高梨　修
〒114-0023　東京都北区滝野川7-46-1
振替00160-5-151318　電話03(5907)6701
ご注文窓口　電話03(5907)6668

＊検印省略　組版所　中　央　美　版

Printed in Japan　ISBN978-4-18-364052-9